PETITE
BIBLIOTHÈQUE POPULAIRE

LA

LOI MUNICIPALE

Du 5 avril 1884

Texte complet de la loi sur l'organisation municipale, annoté, commenté et expliqué par les circulaires et documents officiels à l'usage des maires, des conseillers municipaux et de tous les électeurs, suivi d'une table alphabétique et analytique complète et très détaillée qui rend les recherches plus faciles,

Par ALBERT FAIVRE
Avocat, ancien Directeur du Cabinet et du Personnel
à la Préfecture de la Seine

Précédée d'une Préface
PAR

CHARLES FLOQUET
PRÉSIDENT DE LA CHAMBRE DES DÉPUTÉS
Avocat à la Cour d'appel de Paris, ancien Préfet de la Seine

SEPTIÈME ÉDITION
Revue, corrigée et augmentée

PRIX : 60 CENTIMES

PARIS, DERVEAUX, ÉDITEUR
32, RUE D'ANGOULÊME, 32

N° 7.

1014 — Paris, imprimerie DERVEAUX, 32, rue d'Angoulême. — 1014

LA

LOI MUNICIPALE

Du 5 Avril 1884

AVEC COMMENTAIRES

LA

LOI MUNICIPALE

Du 5 avril 1884

Texte complet de la loi sur l'organisation municipale, annoté, commenté et expliqué par les circulaires et documents officiels à l'usage des maires, des conseillers municipaux et de tous les électeurs, suivi d'une table alphabétique et analytique complète et très détaillée qui rend les recherches plus faciles,

Par ALBERT FAIVRE

Avocat, ancien Directeur du Cabinet et du Personnel
à la Préfecture de la Seine

Précédée d'une Préface

PAR

CHARLES FLOQUET

PRÉSIDENT DE LA CHAMBRE DES DÉPUTÉS
Avocat à la Cour d'appel de Paris, ancien Préfet de la Seine

SEPTIÈME ÉDITION
Revue, corrigée et augmentée

PRIX : 60 CENTIMES

PARIS, DERVEAUX, ÉDITEUR
32, RUE D'ANGOULÊME, 32

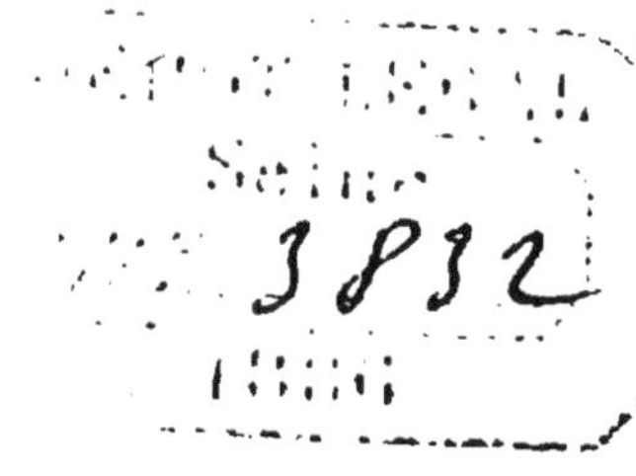

LETTRE-PRÉFACE

A Monsieur Albert Faivre.

Mon cher ancien confrère et collaborateur,

Vous avez eu une excellente pensée en entreprenant de résumer, en quelques pages, notre droit municipal qu vient d'être fixé par la loi du 31 mars 1884.

Sous le régime du suffrage universel chaque citoyen, si obscur soit-il, peut être appelé à pénétrer dans ce municipalités, dont Mirabeau a dit qu'elles doivent être les écoles primaires de la liberté.

Il importe que chaque français connaisse exactement les éléments de cette législation communale, naguère si compliquée, éparpillée dans des décrets de toutes les dates, de tous les régimes, et que la loi nouvelle a l'avantage de condenser en un texte unique.

Donner, de ce texte lui-même, une formule et des explications à la portée de tous les citoyens, qui n'ont pas le temps nécessaire aux longues recherches, c'est le but de ce petit livre, c'est un but patrotique et conforme aux nécessités de notre démocratie.

La loi récente du 31 mars 1884 que vous expliquez au peuple, n'est pas parfaite. Ce n'est pas assurément le dernier mot du progrès. Mais c'est une amélioration incontestable du régime actuel. Cette loi consacre d'abord les conquêtes déjà faites depuis ces dernières années, comme l'élection des maires dans toutes les communes, sauf malheureusement à Paris, et la suppression de l'intervention des plus imposés. L'administration de la commune a été ainsi confiée à la démocratie, selon le vœu populaire et les traditions républicaines.

Ensuite, la loi nouvelle étend, dans une assez large mesure, le pouvoir de gestion et de règlement des municipalités, en restreignant la tutelle du pouvoir central. Enfin, les conseils municipaux sont ouverts au contrôle incessant des citoyens; leurs séances seront désormais publiques. Ce sont là des points essentiels. En gérant avec plus de liberté leurs intérêts communs, les délégués des communes de France prendront une expérience plus grande des affaires collectives. Et tous les citoyens, pouvant suivre incessamment cette administration municipale, mise au grand jour, l'esprit public comprendra de plus en plus les responsabilités qui s'attachent au maniement des intérêts généraux.

En fournissant à tous le moyen de ne pas aborder les affaires municipales sans avoir une connaissance exacte des droits et des devoirs de chacun, vous avez tenté une œuvre utile.

La compétence particulière que vous avez acquise dans la direction du cabinet de la Ville de Paris, vous a permis de résumer tous les renseignements indispensables dans un petit livre qui reste accessible à tous.

aris, le 2 avril 1884.

Charles FLOQUET.

LOI DU 31 MARS 1884

SUR

L'ORGANISATION MUNICIPALE

TITRE PREMIER

Des Communes

ARTICLE PREMIER. — Le corps municipal de chaque commune se compose du conseil municipal, du maire et d'un ou de plusieurs adjoints.

Cet article ne fait que reproduire le paragraphe premier de l'article premier de la loi du 5 Mai 1855.

ART. 2. — Le changement de nom d'une commune est décidé par décret du Président de la République, sur la demande du conseil municipal, le conseil général consulté et le conseil d'Etat entendu.

Consulté. L'avis du conseil général doit être demandé, mais il n'est pas nécessaire que cet avis soit favorable.

ART. 3. — Toutes les fois qu'il s'agit de transférer le chef-lieu d'une commune, de réunir plusieurs communes en une seule, ou de distraire une section d'une commune, soit pour la réunir à une autre, soit pour l'ériger en commune séparée, le préfet prescrit dans les communes intéressées une enquête sur le projet en lui-même et sur ses conditions.

Le préfet devra ordonner cette enquête lorsqu'il aura été saisi d'une demande à cet effet, soit par le conseil municipal de l'une des communes intéressées, soit par le tiers des électeurs inscrits de la commune ou de la section en question. Il pourra aussi l'ordonner d'office.

Après cette enquête, les conseils municipaux et les conseils d'arrondissement donnent leur avis, et la proposition est soumise au conseil général.

Le préfet devra ordonner. La loi en fait une obligation au préfet qui ne pourrait s'y refuser sans excès de pouvoir.

Art. 4. — Si le projet concerne une section de commune, un arrêté du préfet décidera la création d'une commission syndicale pour cette section ou pour la section du chef-lieu, si les représentants de la première sont en majorité dans le conseil municipal, et déterminera le nombre des membres de cette commission.

Ils seront élus par les électeurs domiciliés dans la section.

La commission nomme son président. Elle donne son avis sur le projet.

Par les électeurs domiciliés. Les électeurs qui auraient leur résidence dans la section ne pourraient donc prendre part à l'élection si ils avaient leur domicile légal dans une autre commune.

Art. 5. — Il ne peut être procédé à l'érection d'une commune nouvelle qu'en vertu d'une loi, après avis du conseil général et le conseil d'Etat entendu.

Après avis du Conseil général. L'érection d'une commune nouvelle pourrait avoir lieu, même si l'avis du conseil général était défavorable.

Art. 6. — Les autres modifications à la circonscription territoriale des communes, les suppresssions et les réunions de deux ou de plusieurs communes, la désignation des nouveaux chefs-lieux sont réglées de la manière suivante :

Si les changements proposés modifient la circonscription du département, d'un arrondissement ou d'un canton, il est statué par une loi, les conseils généraux et le conseil d'Etat entendus.

Dans tous les autres cas, il est statué par un décret rendu en conseil d'Etat, les conseils généraux entendus.

Néanmoins, le conseil général statue définitivement s'il approuve le projet, lorsque les communes ou sections sont situées dans le même canton et que la modification projetée réunit, quant au fond, et quant aux conditions de la réalisation, l'adhésion des conseils municipaux et des commissions syndicales intéressées.

Les conseils généraux entendus. C'est un simple avis qui est demandé au conseil général. L'article 6 ne fait que confirmer les attributions données au conseil général par la loi du 10 août 1871 article 50 1° et 46 26°.

Art. 7. — La commune réunie à autre commune conserve la propriété des biens qui lui appartenaient.

Les habitants de cette commune conservent la jouissance de ceux de ces mêmes biens dont les fruits sont perçus en nature.

Il en est de même de la section réunie à une autre commune pour les biens qui lui appartenaient exclusivement.

Les édifices et autres immeubles servant à un usage public et situés sur le territoire de la commune ou de la section de commune réunie à une autre commune, ou de la section érigée en commune séparée, deviennent la propriété de la commune à laquelle est faite la réunion ou de la nouvelle commune.

Les actes qui prononcent des réunions ou des distractions de communes, en déterminent expressément toutes les autres conditions.

En cas de division, la commune ou la section de commune réunie à une autre commune ou érigée en commune séparée, reprend la pleine propriété de tous les biens qu'elle avait apportés.

Ceux de ces mêmes biens dont les fruits sont perçus en nature. On entend par là les immeubles communaux dont les habitants recueillent les produits, comme les pâturages et les bois.

Art. 8. — Les dénominations nouvelles qui résultent, soit d'un changement de chef-lieu, soit de la création d'une commune nouvelle, sont fixées par les autorités compétentes pour prendre ces décisions.

Par les autorités compétentes, c'est-à-dire par la loi dans le cas d'érection d'une commune nouvelle, ou si le changement de chef-lieu modifie la circonscription du département, d'un arrondissement ou d'un canton, et par le conseil général dans tous les autres cas.

Art. 9. — Dans tous les cas de réunion ou de fractionnement de communes, les conseils municipaux sont dissous de plein droit. Il est procédé immédiatement à des élections nouvelles.

Cet article ne fait que reproduire l'article 8 de la loi du 18 juillet 1837.

TITRE II

Des conseils municipaux.

CHAPITRE 1er

Formation des conseils municipaux.

Art. 10. — Le conseil municipal se compose de dix membres dans les communes de 500 habitants et au-dessous.

De 12 dans celles de		501 à	1.500
16	—	1.501	2.500
21	—	2.501	3.500
23	—	3.501	10.000
27	—	10.001	30.000
30	—	30.001	40.000
32	—	40.001	50.000
34	—	50.001	60.000
36	—	60.001 et au-dessus	

Dans les villes divisées en plusieurs mairies, il y aura deux conseillers de plus par mairie.

Le dernier paragraphe de cet article est nouveau ; antérieurement, les villes divisées en plusieurs mairies n'avaient pas droit à un plus grand nombre de conseillers. Il n' y a d'ailleurs actuellement que la ville de Lyon qui soit dans ce cas. Il ne faut pas oublier, en effet, que la nouvelle loi n'est pas applicable à la ville de Paris, qui reste toujours en dehors du droit commun, et dont la situation sera réglée par une loi que la Chambre discute en ce moment et dont on trouvera le texte à la fin de cette brochure.

ART. 11. — L'élection des membres du conseil municipal a lieu au scrutin de liste pour toute la commune.

Néanmoins, la commune peut être divisée en sections électorales, dont chacune élit un nombre de conseillers proportionné au chiffre des électeurs inscrits, mais seulement dans les deux cas suivants ;

1° Quand elle se compose de plusieurs agglomérations d'habitants distinctes et séparées ; dans ce cas, aucune section ne peut avoir moins de deux conseillers à élire ;

2° Quand la population agglomérée de la commune est supérieure à dix mille habitants. Dans ce cas, la section ne peut être formée de fractions de territoire appartenant à des cantons ou à des arrondissements municipaux différents. Les fractions de territoires ayant des biens propres ne peuvent être divisées entre plusieurs section électorales.

Aucune de ces sections ne peut avoir moins de quatre conseillers à élire.

Dans tous les cas où le sectionnement est autorisé, chaque section doit être composée de territoires contigus.

Moins de deux conseillers à élire, il résulte d'une explication donnée par le rapporteur au Sénat, que, pour que le sectionnement puisse avoir lieu, il faut que l'agglémoration distincte, soit par elle-même ou réunie à d'autres agglomérations distinctes, comprenne un nombre d'électeurs inscrits suffisant pour lui donner droit à deux conseillers. Si le sectionnement était opéré contrairement aux prescriptions de l'article 11, la délibération du conseil général pourrait être déférée au conseil d'État pour accès de pouvoir et violation de la loi.

ART. 12. — Le sectionnement est fait par le conseil général, sur l'initiative soit d'un de ses membres, soit du préfet, soit du conseil municipal ou d'électeurs de la commune intéressée.

« Aucune décision en matière de sectionnement ne peut être prise qu'après avoir été demandée avant la session d'avril ou au cours de cette session au plus tard. Dans l'intervalle, entre la session d'avril et la session d'août, une enquête est ouverte à la mairie de la commune intéressée, et le conseil municipal est consulté par les soins du préfet.

Chaque année, ces formalités étant observées, le conseil général, dans sa session d'août, prononce sur les projets dont il est saisi. Les sectionnements, ainsi opérés, subsistent jusqu'à une nouvelle décision. Le tableau de ces opérations est dressé chaque année par le conseil général dans la même session d'août. Ce tableau sert pour les élections intégrales à faire dans l'année.

Il est publié dans les communes intéressées avant la convocation des électeurs par les soins du préfet, qui détermine, d'après le chiffre des électeurs inscrits dans chaque section, le nombre des conseillers que la loi lui attribue.

Le sectionnement adopté par le conseil général, sera représenté par un plan déposé à la préfecture et à la mairie de la commune intéressée. Tout électeur pourra le consulter et en prendre copie.

Avis de ce dernier dépôt sera donné aux intéressé par voies d'affiche à la porte de la mairie.

Dans les colonies régies par la présente loi, toute demande ou proposition de sectionnement doit être faite trois mois au moins avant l'ouverture de la session ordinaire du conseil général. Elle est instruite par les soins du directeur de l'intérieur dans les formes indiquées ci-dessus.

Les demandes et propositions, délibérations de conseils municipaux et procès-verbaux d'enquête sont remis au conseil général à l'ouverture de la session.

Avant la session d'Avril ou au cours de cette session au plus tard. Une demande adressée après la clôture de la session d'Avril ne pourrait être accueillie par la commission départementale et devra forcément être ajournée à l'année suivante.

Art. 13. — Le préfet peut, par arrêté spécial publié dix jours au moins à l'avance, diviser la commune en plusieurs bureaux de vote, qui concourront à l'élection des mêmes conseillers.

Il sera délivré à chaque électeur une carte électorale. Cette carte indiquera le lieu où doit siéger le bureau où il devra voter.

Le dernier paragraphe de cet article édicte une disposition nouvelle; jusqu'ici l'usage de la carte électorale était établie dans les villes mais aucune loi ne le prescrivait. Il faut remarquer, d'ailleurs, que la carte électorale n'est pas nécessaire pour aller voter et que l'électeur inscrit dont l'identité est certaine, peut prendre part au vote, bien qu'il ne soit pas porteur de sa carte.

Art. 14. — Les conseillers municipaux sont élus par le suffrage direct universel.

Sont électeurs tous les Français âgés de vingt-et-un ans accomplis et n'étant dans aucun cas d'incapacité prévu par la loi.

La liste électorale comprend : 1° tous les électeurs qui ont leur domicile réel dans la commune, ou y habitent depuis six mois au moins; 2° ceux qui y auront été inscrits au rôle d'une des quatre contributions directes ou au rôle des prestations en nature et, s'ils ne résident pas dans la commune, auront déclaré vouloir y exercer leurs droits électoraux. Seront également inscrits, aux termes du présent paragraphe, les membres de la famille des mêmes électeurs compris dans la cote de la prestation en nature, alors même qu'ils n'y sont pas personnellement portés, et les habitants qui, en raison de leur âge ou de leur santé, auront cessé d'être soumis à cet impôt; 3° ceux qui, en vertu de l'article 2 du traité du 10 mai 1871, ont opté pour la nationalité française et déclaré fixer leur résidence dans la commune, conformément à la loi du 19 juin 1871; 4° ceux qui sont assujettis à une résidence obligatoire dans la commune en qualité, soit de ministres des cultes reconnus par l'Etat, soit de fonctionnaires publics.

Seront également inscrits les citoyens qui, ne remplissant pas les conditions d'âge et de résidence ci-dessus indiquées lors de la formation des listes, les rempliront avant la clôture définitive.

L'absence de la commune résultant du service militaire ne portera aucune atteinte aux règles ci-dessus édictées pour l'inscription sur les listes électorales.

Les dispositions concernant l'affichage, la libre distribution des bulletins, circulaires et professions de foi, les réunions publiques électorales, la communication des listes d'émargement, les pénalités et poursuites en matière législative, sont applicables aux élections municipales.

Sont également applicables aux élections municipales les paragraphes 3 et 4 de l'article 3 de la loi organique du 30 novembre 1875 sur les élections des députés.

On sait que les lois des 7 juillet 1874, et 30 novembre 1875, avaient établi deux listes électorales, l'une pour les élections municipales, l'autre pour les élections législatives.

Pour être inscrit sur la liste électorale municipale, il fallait, si l'on n'était pas né dans la commune, y être inscrit depuis un an au rôle des contributions, ou s'y être marié et y résider depuis un an. Désormais il n'y aura plus qu'une liste qui servira pour toutes les élections, soit à la Chambre, soit au conseil général, soit au conseil d'arrondissement, soit au conseil ou municipal. Devront être inscrits sur cette liste tous les citoyens qui se trouvent dans les conditions énumrées par l'article 14 ci-dessus.

Les dispositions concernant l'affichage, etc. Voici les textes principaux de loi dont il s'agit dans ce paragraphe. On trouvera les autres dans le **Code communal commenté** : Il est interdit à tous agents de l'autorité publique ou municipale, de distribuer des bulletins de vote, profession de foi et circulaires des candidats. (Art. 3, paragraphe 3, L. du 30 Novembre 1875). — Toute infraction à cette disposition sera punie d'une amende de 16 fr. à 300 fr. (Art. 22, L. du 30 Novembre 1875). Les dispositions de l'article 19 de la loi organique du 2 Août 1875 sur les élections des sénateurs seront appliquées aux élections des députés. (Art. 3, paragraphe 4, L. du 30 Novembre 1875). — Toute tentative de corruption par l'emploi des moyens énoncés dans les articles 177 et suivants du Code pénal, pour influencer le vote d'un électeur ou le déterminer à s'abstenir de voter, sera punie d'un emprisonnement de de 3 mois à 2 ans et d'une amende de 50 fr., à 500 fr. ou de l'unede ces deux peines seulement. — L'article 463 du Code pénal est applicable aux peines édictées par les présentes dispositions. (Loi du 2 août 1875, art. 19.)

Art. 15. — L'assemblée des électeurs est convoquée par arrêté du préfet.

L'arrêté de convocation est publié dans la commune, quinze jours au moins avant l'élection, qui doit toujours avoir lieu un dimanche. Il fixe le local où le scrutin sera ouvert, ainsi que les heures auxquelles il doit être ouvert et fermé.

Il fixe le local ainsi que les heures. Si le Préfet avait omis l'un de ces deux points ou tous les deux, le maire pourrait prendre un arrêté pour y suppléer.

Art. 16. — Lorsqu'il y aura lieu de remplacer des conseillers municipaux élus par des sections, conformément à l'article 11 de la présente loi, ces remplacements seront faits par les sections auxquelles appartiennent ces conseillers.

Par les sections. En d'autres termes, cet article veut dire que lorsque un conseiller cesse ses fonctions pour n'importe quelle cause, son remplacant est élu par les seuls électeurs de la section que représentait ce conseiller et non pas tous les électeurs de la commune. C'est d'ailleurs ce qui avait déjà lieu avant la nouvelle loi.

Art. 17. — Les bureaux de vote sont présidés par le maire, les adjoints, les conseillers municipaux, dans l'ordre du tableau, et, en cas d'empêchement, par des électeurs désignés par le maire.

Cet article, ainsi que les articles 18 et 19, reproduisent textuellement les articles 29, 30 et 31 de la loi du 5 mai 1855.

Art. 18. — Le président a seul la police de l'assemblée. Cette assemblée ne peut s'occuper d'autres objets que de l'élection qui lui est attribuée. Toute discussion, toute délibération, lui sont interdites.

La police de l'assemblée. La salle où a lieu le vote est publique pour les électeurs, le président ne pourrait, qu'en cas de trouble, interdire aux électeurs d'y rester pendant les opérations.

Art. 19. — Les deux plus âgés et les deux plus jeunes des électeurs présents à l'ouverture de la séance, sachant lire et écrire, remplissent les fonctions d'assesseurs. Le secrétaire est désigné par le président et par les assesseurs. Dans les délibérations du bureau, il n'a que voix consultative. Trois membres du bureau, au moins, doivent être présents pendant tout le cours des opérations.

Les deux plus âgés et les deux plus jeunes. L'élection pourrait être annulée si cette prescription n'était pas strictement observée. L'électeur qui, remplissant cette condition, refuserait de faire partie du bureau, doit être considéré comme absent.

Art. 20. — Le scrutin ne dure qu'un jour.

Art. 21. — Le bureau juge provisoirement les difficultés qui s'élèvent sur les opérations de l'assemblée. Ses décisions sont motivées.

Toutes les réclamations et décisions sont insérées au procès-verbal; les pièces et les bulletins qui s'y rapportent y sont annexés, après avoir été paraphés par le bureau.

Cet article, ainsi que les articles 22, 23 et 24, reproduisent textuellement les articles 34, 35, 36 et 37 de la loi du 5 mai 1855.

Sont insérées au procès-verbal. Cette insertion est obligatoire pour le bureau qui ne peut se refuser à mentionner les réclamations qui lui sont adressées.

Art. 22. — Pendant toute la durée des opérations, une copie de la liste des électeurs, certifiée par le maire, contenant les noms, domicile, qualification de chacun des inscrits, reste déposée sur la table autour de laquelle siège le bureau.

Art. 23. — Nul ne peut être admis à voter s'il n'est inscrit sur cette liste.

Toutefois, seront admis à voter, quoique non inscrits, les électeurs porteurs d'une décision du juge de paix ordonnant leur inscription, ou d'un arrêt de la cour de cassation annulant un jugement qui aurait prononcé leur radiation

Porteur d'une décision ou d'un arrêt. Il s'agit, bien entendu d'une décision ou d'un arrêt statuant sur une réclamation formée, dans les délais légaux, c'est-à-dire avant le 18 février de chaque année. Le juge de paix ne pourrait ordonner une inscription sur une demande formée après cette époque.

Art. 24. — Nul électeur ne peut entrer dans l'assemblée porteur d'armes quelconques.

Art. 25. — Les électeurs apportent leurs bulletins préparés en dehors de l'assemblée.

Le papier du bulletin doit être blanc et sans signe extérieur.

L'électeur remet au président son bulletin fermé.

Le président le dépose dans la boîte du scrutin, laquelle doit, avant le commencement du vote, avoir été fermée à deux serrures, dont les clefs restent l'une entre les mains du président, l'autre entre les mains de l'assesseur le plus âgé.

Le vote de chaque électeur est constaté sur la liste, en

marge de son nom, par la signature, ou le paraphe avec initiales de l'un des membres du bureau.

Cet article ne fait que reproduire l'article 38, loi du 5 mai de 1855, sauf qu'il ne prescrit pas, comme l'article 38, l'appel des électeurs par ordre alphabétique, mais cette disposition de la loi de 1855 était tombée en désuétude.

Blanc et sans signe. Le maire ne pourrait refuser un bulletin de vote qui porterait un signe extérieur ou qui serait en papier de couleur : mais lors du dépouillement du scrutin, ces bulletins ne sont pas comptés au candidat dont ils portent le nom bien que cependant il y ait lieu de les compter pour la fixation de la majorité absolue.

Art. 26. — Le président doit constater, au commencement de l'opération, l'heure à laquelle le scrutin est ouvert.

Le scrutin ne peut être fermé qu'après avoir été ouvert pendant six heures au moins.

Le président constate l'heure à laquelle il déclare le scrutin clos; après cette déclaration, aucun vote ne peut être reçu.

Cet article, ainsi que l'article 27, reproduisent les articles 39 et 40 de la loi du 5 mai 1855.

Art. 27. — Après la cloture du scrutin, il est procédé au dépouillement de la manière suivante :

La boite du scrutin est ouverte, et le nombre de bulletins vérifié.

Si ce nombre est plus grand ou moindre que celui des votants, il en est fait mention au procès-verbal.

Le bureau désigne, parmi les électeurs présents, un certain nombre de scrutateurs.

Le président et les membres du bureau surveillent l'opération du dépouillement.

Ils peuvent y procéder eux-mêmes, s'il y a moins de 300 votants.

Art. 28. — Les bulletins sont valables, bien qu'ils portent plus ou moins de noms qu'il n'y a de conseillers à élire.

Les derniers noms inscrits au delà de ce nombre ne sont pas comptés.

Les bulletins blancs ou illisibles, ceux qui ne contiennent pas une désignation suffisante, ou dans lesquels les votants se font connaître, n'entrent pas en compte dans le résultat du dépouillement, mais ils sont annexés au procès-verbal.

Les derniers noms inscrits. Cela alors même que les premiers noms seraient ceux de personnes non éligibles ou non candidats.

Une désignation suffisante. Il suffit que le bulletin ne laisse aucun doute sur la personne que l'électeur a voulu désigner pour que le bulletin doive être compté.

Les votants se font connaître. Ceux qui sont signés n'entrent pas en compte. En d'autres termes ces bulletins sont considérés comme n'existant pas; il ne sont pas comptés au candidat dont il portent le nom, et il n'en est pas tenu compte pour fixer le chiffre des suffrages exprimé et de la majorité absolue.

Art. 29. — Immédiatement après le dépouillement, le président proclame le résultat du scrutin.

Le procès-verbal des opérations est dressé par le secrétaire; il est signé par lui et les autres membres du bureau. Une copie, également signée du secrétaire et des membres du bureau, en est aussitôt envoyée, par l'intermédiaire du sous-préfet, au préfet, qui en constate la réception sur un registre et en donne récipissé. Extrait en est immédiatement affiché par les soins du maire.

Les bulletins autres que ceux qui doivent être annexés au procès-verbal sont brulés en présence des électeurs.

Le président proclame le résultat. Le président doit faire connaître le nom des candidats élus d'après le dépouillement du scrutin, sans avoir à s'inquiéter si le candidat élu est ou non éligible, s'il accepte ou non.

Les bulletins autres que ceux. On doit annexer au procès-verbal tous les bulletins qui on été l'objet d'une contestation.

Art. 30. — Nul n'est élu au premier tour de scrutin s'il n'a réuni : 1° la majorité absolue des suffrages exprimés; 2° un nombre de suffrages égal au quart de celui des électeurs inscrits. Au deuxième tour de scrutin, l'élection a lieu à la majorité relative, quel que soit le nombre des votants. Si plusieurs candidats obtiennent le même nombre de suffrages, l'élection est acquise au plus âgé.

En cas de deuxième tour de scrutin, l'assemblée est de droit convoquée pour le dimanche suivant. Le maire fait les publications nécessaires.

La majorité absolue. C'est-à-dire la moitié plus un des bulletins valables.

Quand le chiffre de ces bulletins est un nombre impair, il faut il faut du nombre immédiatement inférieur prendre la moitié plus un. Ainsi la majorité absolue de 259 est 130, c'est-à-dire la moitié plus un de 238 qui est le nombre immédiatement inférieur à 259.

Majorité relative. Voyez ces mots sous l'article 51.

ART. 31. — Sont éligibles au Conseil municipal, sauf les restrictions portées au dernier paragraphe du présent article, et aux deux articles suivants, tous les électeurs de la commune et les citoyens inscrits au rôle des contributions directes ou justifiant qu'ils devaient y être inscrits au 1er janvier de l'année de l'élection, âgés de vingt-cinq ans accomplis.

Toutefois, le nombre des conseillers qui ne résident pas dans la commune au moment de l'élection ne peut excéder le quart des membres du Conseil. S'il dépasse ce chiffre, la préférence est déterminée suivant les règles posées à l'article 49.

Ne sont pas éligibles les militaires et employés des armées de terre et de mer en activité de service.

Suivant les règles posées à l'article 49. C'est-à-dire que la préférence est accordée à ceux qui ont été élus au premier tour, et en cas d'élection le même jour à ceux qui ont obtenu le plus de voix, et, à égalité de voix, au plus âgé.

ART. 32. — Ne peuvent être conseillers municipaux :

1° Les individus privés du droit électoral ;

2° Ceux qui sont pourvus d'un conseil judiciaire ;

3° Ceux qui sont dispensés de subvenir aux charges communales et ceux qui sont secourus par les bureaux de bienfaisance ;

4° Les domestiques attachés exclusivement à la personne.

Ceux qui sont dispensés. Il faut une délibération du Conseil municipal dispensant nominativement l'électeur des charges communales pour que l'inéligibilité soit encourue. Ainsi un électeur qui, en raison de son âge, n'est pas porté sur le rôle de prestations n'est pas inéligible.

Ceux qui sont secourus. Il s'agit de ceux qui sont secourus habituellement, et non de ceux qui ne l'ont été qu'accidentellement.

ART. 33. — Ne sont pas éligibles dans le ressort où ils exercent leurs fonctions :

1° Les préfets, sous-préfets, secrétaires généraux, conseillers de préfecture ; et, dans les colonies régies par la présente loi, les gouverneurs, directeurs de l'intérieur et les membres du conseil privé ;

2° Les commissaires et les agents de police ;

3° Les magistrats des cours d'appel et des tribunaux de première instance, à l'exception des juges suppléants auxquels l'instruction n'est pas confiée ;

4° Les juges de paix titulaires ;

5° Les comptables des deniers communaux et les entrepreneurs de services municipaux ;

6° Les instituteurspublics ;

7° Les employés de préfecture et de sous-préfecture ;

8° Les ingénieurs et les conducteurs des ponts-et-chaussées, chargés du service de la voirie urbaine et vicinale, et les agents voyers ;

9° Les ministres en exercice d'un culte légalement reconnu ;

10° Les agents salariés de la commune, parmi lesquels ne sont pas compris ceux qui, étant fonctionnaires publics ou exerçant une profession indépendante, ne reçoivent une indemnité de la commune qu'à raison des services qu'ils lui rendent dans l'exercice de cette profession.

Les magistrats. Les greffiers ne sont pas compris sous cette désignation et pourraient être élus.

Les agents salariés. Les électeurs, anciens agents communaux, qu touchent une pension de la commune, ne sont pas compris sous cette désignation.

Exerçant une profession indépendante. Tels sont les médecins de l'état civil, du bureau de bienfaisance, les professeurs.

ART. 34. — Les fonctions de conseiller municipal sont incompatibles avec celles :

1° De préfet, de sous-préfet et de secrétaire général de préfecture ;

2° De commissaire et d'agent de police;

3° De gouverneur, directeur de l'intérieur et de membre du conseil privé dans les colonies.

Les fonctionnaires désignés au présent article qui seraient élus membres d'un conseil municipal auront, à partir de la proclamation du résultat du scrutin, un délai de dix jours pour opter entre l'acceptation du mandat et la conservation de leur emploi. A défaut de déclaration adressée dans ce délai à leurs supérieurs hiérarchiques, ils seront réputés avoir opté pour la conservation dudit emploi.

Imcompatibles. C'est-à-dire qu'on ne peut à la fois être conseiller municipal et remplir une des fonctions désignées dans l'article 34.

ART. 35. — Nul ne peut être membre de plusieurs conseils municipaux.

Un délai de dix jours, à partir de la proclamation du résultat du scrutin, est accordé au conseiller municipal nommé dans plusieurs communes pour faire sa déclaration d'option. Cette déclaration est adressée aux préfets des départements intéressés.

Si, dans ce délai, le conseiller élu n'a pas fait connaître son option, il fait partie de droit du conseil de la commune où le nombre des électeurs est le moins élevé.

Dans les communes de 501 habitants et au-dessus, les ascendants et les descendants, les frères et les alliés au même degré, ne peuvent être simultanément membres du même conseil municipal.

L'article 49 est applicable aux cas prévus par le paragraphe précédent.

Les ascendants. Ce sont le père, le grand père, l'arrière grand père. *Les descendants.* Ce sont les fils, petit fils, arrière petit fils. *Les alliés au même dégré.* C'est-à-dire le père, le grand père et l'arrière grand père par alliance, le beau-fils et le beau-frère.

ART. 36. — Tout conseiller municipal qui, pour une cause survenue postérieurement à sa nomination, se trouve dans un des cas d'exclusion ou d'incompatibilité prévus par la présente loi, est immédiatement déclaré démissionnaire par le préfet, sauf réclamation au conseil de préfecture dans les dix jours de la notification, et sauf recours au conseil d'Etat, conformément aux articles 38, 39 et 40 ci-après.

ART. 37. — Tout électeur et tout éligible a le droit d'arguer de nullité les opérations électorales de la commune.

Les réclamations doivent être consignées au procès-verbal,

sinon être déposées, à peine de nullité, dans les cinq jours qui suivent le jour de l'élection, au secrétariat de la mairie, ou à la sous-préfecture, ou à la préfecture. Elles sont immédiatement adressées au préfet, et enregistrées par ses soins au greffe du conseil de préfecture.

Le préfet, s'il estime que les conditions et les formes légalement prescrites n'ont pas été remplies, peut également, dans le délai de quinzaine à dater de la réception du procès-verbal, déférer les opérations électorales au conseil de préfecture.

Dans l'un et l'autre cas, le préfet donne immédiatement connaissance de la réclamation, par la voie administrative, aux conseillers dont l'élection est contestée, les prévenant qu'ils ont cinq jours, pour tout délai, à l'effet de déposer leurs défenses au secrétariat de la mairie, de la sous-préfecture ou de la préfecture, et de faire connaître s'ils entendent user du droit de présenter des observations orales.

Il est donné récipissé soit des réclamations, soit des défenses.

Au secrétariat de la mairie. Dans ce cas, le maire doit immédiatement transmettre au préfet les réclamations ou les défenses dont il est parlé au paragraphe 4.

Art. 38. — Le conseil de préfecture statue, sauf recours an conseil d'Etat.

Il prononce sa décision dans le délai d'un mois à compter de l'enregistrement des pièces au greffe de la préfecture, et le préfet la fait notifier dans la huitaine de sa date. En cas de renouvellement général, le délai est porté à deux mois.

S'il intervient une décision ordonnant une preuve, le conseil de préfecture doit statuer définitivement dans le mois à partir de cette décision.

Les délais ci-dessus fixés ne commencent à courir, dans le cas prévu à l'article 39, que du jour où le jugement sur la question préjudicielle est devenu définitif.

Faute par le conseil d'avoir statué dans les délais ci-dessus fixés, la réclamation est considérée comme rejetée. Le conseil de préfecture est dessaisi ; le préfet en informe la partie intéressée, qui peut porter sa réclamation devant le conseil d'Etat. Le recours est notifié dans les cinq jours au secrétariat de la préfecture par le requérant.

Sauf recours au conseil d'Etat. Il importe de remarquer que ce recours est suspensif, et que la décision du conseil de préfecture ne doit être exécutée que si elle est confirmée par le conseil d'Etat.

Art. 39. — Dans tous les cas où une réclamation, formée en vertu de la présente loi, implique la solution préjudicielle d'une question d'Etat, le conseil de préfecture renvoie les parties à se pourvoir devant les juges compétents, et la partie doit justifier de ses diligences dans le délai de quinzaine; à défaut de cette justification, il sera passé outre, et la décision du conseil de préfecture devra intervenir dans le mois à partir de l'expiration de ce délai de quinzaine.

Art. 40. — Le recours au conseil d'Etat contre la décision du conseil de préfecture est ouvert soit au préfet, soit aux parties intéressées.

Il doit, à peine de nullité, être déposé au secrétariat de la sous-préfecture ou de la préfecture, dans le délai d'un mois, qui court, à l'encontre du préfet, à partir de la décision, et, à à l'encontre des parties, à partir de la notification qui leur est faite.

Le préfet donne immédiatement, par la voie administrative, connaissance du recours aux parties intéressées, en les prévenant qu'elles ont quinze jours pour tout délai, à l'effet de déposer leurs défenses au secrétariat de la sous-préfecture ou de la préfecture.

Aussitôt ce nouveau délai expiré, le préfet transmet au ministre de l'intérieur, qui les adresse au conseil d'Etat, le recours, les défenses, s'il y a lieu, le procès-verbal des opérations électorales, la liste qui a servi aux émargements, une expédition de l'arrêté attaqué et toutes les autres pièces visées dans ledit arrêté : il y joint son avis motivé.

Les délais pour la constitution d'un avocat et pour la communication au ministre de l'intérieur sont d'un mois pour chacune de ces opérations, et de trois mois en ce qui concerne les colonies.

Le pourvoi est jugé comme affaire urgente et sans frais, et dispensé du timbre et du ministère de l'avocat.

Les conseillers municipaux proclamés restent en fonctions jusqu'à ce qu'il ait été définitivement statué sur les réclamations.

Dans le cas où l'annulation de tout ou partie des élections

est devenue définitive, l'assemblée des électeurs est convoquée dans un délai qui ne peut excéder deux mois.

Les conseillers municipaux proclamés restent en fonctions. C'est une innovation de la nouvelle loi; jusqu'ici, le conseiller municipal dont l'élection avait été invalidée, devait cesser de siéger, jusqu'à ce que le Conseil d'Etat ait statué définitivement.

Art. 41. — Les conseils municipaux sont nommés pour quatre ans. Ils sont renouvelés intégralement le premier dimanche de mai, dans toute la France, lors même qu'ils ont été élus dans l'intervalle.

Art. 42. — Lorsque le conseil municipal se trouve, par l'effet des vacances survenues, réduit au trois quarts de ses membres, il est, dans le délai de deux mois, à dater de la dernière vacance, procédé à des élections complémentaires.

Toutefois, dans les six mois qui précèdent le renouvellement intégral, les élections complémentaires ne sont obligatoires qu'au cas où le conseil municipal aurait perdu plus de la moitié de ses membres.

Dans les communes divisées en sections, il y a toujours lieu à faire des élections partielles quand la section a perdu la moitié de ses conseillers.

Les élections complémentaires ne sont obligatoires. Il résulte de ces expressions que, hors le cas pré[vu] par ce paragraphe, les élections sont obligatoires lorsque le conseil municipal, par une cause quelconque, se trouve réduit aux trois quarts de ses membres. Bien entendu, le Préfet peut provoquer des élections complémentaires, bien qu'il n'existe au conseil municipal qu'une ou deux vacances.

Art. 43. — Un conseil municipal ne peut être dissous que par décret motivé du Président de la République, rendu en conseil des ministres, et publié au *Journal officiel*, et, dans les colonies régies par la présente loi, par arrêté du gouverneur, en conseil privé, inséré au journal officiel de la colonie.

S'il y a urgence, il peut être provisoirement suspendu, par arrêté motivé du préfet, qui doit en rendre compte immédiatement au ministre de l'intérieur. La durée de la suspension ne peut excéder un mois. Dans les colonies ci-dessus spécifiées, le conseil municipal peut être suspendu par arrêté motivé du gouverneur. La durée de la suspension ne peut excéder un mois.

Le gouverneur rend compte immédiatement de sa décision au ministre de la marine et des colonies.

Cet article correspond à l'article 13 de la loi du 5 Mai 1855. Mais il constitue une amélioration en ce que: 1° il donne la garantie d'une délibération en conseil des ministres, 2° le ministre de l'intérieur qui pouvait prolonger jusqu'à une année la durée de la suspension prononcée par le préfet, n'aura plus ce droit, ni personne à sa place.

Art. 44. — En cas de dissolution d'un conseil municipal ou de démission de tous ses membres en exercice, et lorsque aucun conseil municipal ne peut être constitué, une délégation spéciale en remplit les fonctions.

Dans les huit jours qui suivent la dissolution ou l'acceptation de la démission, cette délégation spéciale est nommée par décret du Président de la République, et dans les colonies par arrêté du gouverneur.

Le nombre des membres qui la composent est fixé à trois dans les communes où la population ne dépasse pas 35,000 habitants. Ce nombre peut être porté jusqu'à sept dans les villes d'une population supérieure.

Le décret ou l'arrêté qui l'institue en nomme le président, et au besoin, le vice-président.

Les pouvoirs de cette délégation spéciale sont limités aux actes de pure administration conservatoire et urgente. En aucun cas, il ne lui est permis d'engager les finances municipales au-delà des ressources disponibles de l'exercice courant. Elle ne peut ni préparer le budget communal, ni recevoir les comptes du maire ou du receveur, ni modifier le personnel ou le régime de l'enseignement public.

Cet article constitue comme le précédent, un petit progrès. En effet, les pouvoirs de la délégation sont limitativement déterminés par le dernier paragraphe et on peut voir qu'ils sont aussi restreints que possible. Sous l'empire de la loi de 1855, au contraire, la commission, nommée en remplacement d'un conseil suspendu, avait tous les pouvoirs de ce même conseil.

Art. 45. — Toutes les fois que le conseil municipal a été dissous, ou que, par application de l'article précédent, une délégation spéciale a été nommée, il est procédé à la réélection du conseil municipal dans les deux mois à dater de la dissolution ou de la dernière démission.

Les fonctions de la délégation spéciale expirent de plein droit dès que le conseil municipal est reconstitué.

Cet article constitue, lui aussi, une amélioration, puisqu'il doit être procédé à des élections dans le délai de deux mois, alors que, sous la législation antérieure, la commission municipale pouvait être maintenue en fonction jusqu'au renouvellement intégral des conseils municipaux dans toute la France, c'est-à-dire selon l'époque de sa nomination pendant une, deux ou trois années.

CHAPITRE II

Fonctionnement des conseils municipaux,

Art. 46. — Les conseils municipaux se réunissent en session ordinaire quatre fois l'année : en février, mai, août et novembre.

La durée de chaque session est de quinze jours ; elle peut être prolongée avec l'autorisation du sous-préfet.

La session pendant laquelle le budget est discuté, peut durer six semaines.

Pendant les sessions ordinaires, le conseil municipal peut s'occuper de toutes les matières qui rentrent dans ses attributions.

Cet article porte à quinze jours la durée des sessions ordinaires et à six semaines celle dans laquelle le budget est discuté. Sous la législation antérieure, la durée des sessions était de dix jours seulement, y compris celle dans laquelle le budget était discuté.

Art. 47. — Le préfet ou le sous-préfet, peut prescrire la convocation extraordinaire du conseil municipal. Le maire peut également réunir le conseil municipal chaque fois qu'il le juge utile. Il est tenu de le convoquer quand une demande motivée lui en est faite par la majorité en exercice du conseil municipal. Dans l'un et l'autre cas, en même temps qu'il convoque le conseil, il donne avis au préfet ou au sous-préfet de cette réunion et des motifs qui la rendent nécessaire.

La convocation contient alors l'indication des objets spéciaux et déterminés pour lesquels le conseil doit s'assembler, et le conseil ne peut s'occuper que de ces objets.

Nous trouvons dans l'article 47, une des plus importantes et des plus heureuses améliorations apportées par la nouvelle loi, c'est le droit donné au maire de convoquer le conseil en session extraordinaire, et l'obligation pour le maire de convoquer le conseil quand la majorité le demande.

Art. 48. — Toute convocation est faite par le maire. Elle est mentionnée au registre des délibérations, affichée à la porte de la mairie et adressée par écrit et à domicile, trois jours francs au moins avant celui de la réunion.

En cas d'urgence, le délai peut être abrégé par le préfet ou le sous-préfet.

Trois jours francs. C'est-à-dire que le jour où la convocation est adressée, et celui fixé pour la réunion du conseil, ne doivent pas compter dans le délai de trois jours. Ainsi le conseil étant convoqué par exemple pour le cinq, les convocations doivent être remises le premier.

Il importe de remarquer que, désormais, le délai sera le même, qu'il s'agisse d'une réunion en session ordinaire ou extraordinaire. Mais ces convocations sont surtout indispensables pour les sessions extraordinaires et le défaut de convocation a un ou plusieurs conseillers pourrait être un motif d'annulation des délibérations prises.

Art. 49. — Les conseillers municipaux prennent rang dans l'ordre du tableau.

L'ordre du tableau est déterminé, même quand il y a des sections électorales : 1° par la date de la plus ancienne des nominations ; 2° entre conseillers élus le même jour, par le plus grand nombre de suffrages obtenus : 3° et, à égalité de voix, par la priorité d'âge.

Un double du tableau reste déposé dans les bureaux de la mairie, de la sous-préfecture et de la préfecture, ou chacun peut en prendre communication ou copie.

Art. 50 — Le conseil municipal ne peut délibérer que lorsque la majorité de ses membres en exercice assiste à la séance.

Quand, après deux convocation successives, à trois jours au moins d'intervalle, et dûment constatées, le conseil municipal ne s'est pas réuni en nombre suffisant, la délibération prise après la troisième convocation est valable, quel que soit le nombre des membres présents.

La majorité de ses membres en exercices. Pour qu'une délibération soit valable il faut que la moitié plus un des conseillers actuellement en fonction y prenne part. Pour la fixation de cette majorité, on ne doit donc pas compter ni les membres décédés, ni les membres démissionnaires, ni les membres qui ont cessé de remplir les conditions requises pour être conseiller municipal.

Art. 51. — Les délibérations sont prises à la majorité absolue des votants. En cas de partage, sauf le cas de scrutin secret, la voix du président est prépondérante. Le vote a lieu au scrutin public sur la demande du quart des membres présents; les noms des votants avec la désignation de leurs votes, sont insérés au procès-verbal.

Il est voté au scrutin secret toutes les fois que le tiers des membres présents le réclame ou qu'il s'agit de procéder à une nomination ou présentation.

Dans ces derniers cas, après deux tours de scrutin secret, si aucun des candidats n'a obtenu la majorité absolue, il est procédé à un troisième tour de scrutin, et l'élection a lieu à la majorité relative; à égalité de voix, l'élection est acquise au plus âgé.

La majorité absolue. C'est-à-dire la moitié plus un des suffrages exprimés! si le nombre des votants est impair, il faut, pour connaître la majorité absolue, prendre la moitié plus un du nombre pair immédiatement inférieur. Ainsi la majorité absolue de 13 est 7

La majorité relative. C'est-à-dire un nombre de voix supérieur celui obtenu par chacun des concurrents, sans qu'il y ail lieu des à comparer ce nombre de voix à celui des votants. Ainsi, si Pierre a 5 voix, Jean 6 voix et François 2 voix, aucun d'eux n'a obtenu la majorite absolue qui est 7, mais Jean a obtenu la majorité relative puisqu'il a plus de voix que chacun de ses concurrents.

Art. 52. — Le maire, et à défaut celui qui le remplace préside le conseil municipal.

Dans les séances où les comptes d'administration du maire sont débattus, le conseil municipal élit son président.

Dans ce cas, le maire peut, même quand il ne serait plus en fonction, assister à la discussion; mais il doit se retirer au moment du vote. Le président adresse directement la délibération au sous-préfet.

Art. 53. — Au début de chaque session et pour sa durée, le conseil municipal nomme un ou plusieurs de ses membres pour remplir les fonctions de secrétaire.

Il peut leur adjoindre des auxiliaires pris en dehors de ses membres qui assisteront aux séances, mais sans participer aux délibérations.

Les articles 52 et 53 ne font que reproduire le sens des dispositions des articles 19, loi du 5 mai 1855, et 25, paragraphe 2, loi du 18 juillet 1837. Le paragraphe 2 de l'article 53 est nouveau dans la législation, mais, dans la pratique, le secrétaire de la mairie assistait aux séances et aidait le secrétaire, conseiller municipal, dans ses fonctions.

Art. 54. — Les séances des conseils municipaux sont publiques. Néanmoins, sur la demande de trois membres ou du maire, le conseil municipal, par assis et levé, sans débats, décide s'il se formera en comité secret.

La publicité des séances constitue la plus grande innovation et le plus grand progrès réalisé par la nouvelle loi : désormais chacun pourra assister aux séances et les citoyens pourront s'assurer pour eux-mêmes de la façon dont leurs mandataires s'acquittent de la mission qu'ils ont reçue de gérer les affaires communales.

Art. 55. — Le maire a seul la police de l'assemblée. Il peut faire expulser de l'auditoire ou arrêter tout individu qui trouble l'ordre. En cas de crime ou de délit, il en dresse un procès-verbal et le procureur de la République en est immédiatement saisi.

Le maire a seul. Il est évident que l'adjoint ou le conseiller municipal faisant fonction de maire, et le président du conseil municipal, dans les cas prévus par les articles 52 et 77, paragraphe 1er, ont les mêmes pouvoirs.

Art. 56. — Le compte-rendu de la séance est, dans la huitaine, affiché par extrait à la porte de la mairie.

Cette disposition est le complément de la publicité établie par l'article 54. Une ordonnance du 18 décembre 1838 prescrivait bien l'affichage des délibérations du conseil, mais seulement dans certains cas déterminés.

Art. 57. — Les délibérations sont inscrites par ordre de date sur un registre coté et paraphé par le préfet ou le sous-préfet.

Elles sont signées par tous les membres présents à la séance, ou mention est faite de la cause qui les a empêchés de signer.

Art. 58. — Tout habitant ou contribuable a le droit de demander communication, sans déplacement, de prendre copie totale ou partielle des procès-verbaux du conseil municipal, des budgets et des comptes de la commune, des arrêtés municipaux. Chacun peut les publier sous sa responsabilité.

Les articles 57 et 58 reproduisent les dispositions de l'article 22 de la loi de 1855 ; mais l'article 58, contient une disposition nouvelle, c'est la permission accordée de publier les documents énumérés dans cet article.

Art. 59. — Le conseil municipal peut former, au cours de chaque session, des commissions chargées d'étudier les questions soumises au conseil, soit par l'administration, soit par l'initiative d'un de ses membres.

Les commissions peuvent tenir leurs séances dans l'intervalle des sessions.

Elles sont convoquées par le maire, qui en est le président de droit, dans les huit jours qui suivent leur nomination, ou à plus bref délai sur la demande de la majorité des membres qui les composent. Dans cette première réunion, les commissions désignent un vice-président qui peut les convoquer ou les présider, si le maire est absent ou empêché.

Cet article constitue avec la publicité des séances, un des plus plus grands progrès réalisés par la nouvelle loi. Cette faculté, accordée aux conseils municipaux, leur sera des plus utiles et facilitera singulièrement la bonne expédition des affaires communales.

ART. 60 — Tout membre du conseil municipal qui, sans motifs reconnus légitimes par le conseil, a manqué à trois convocations successives, peut être, après avoir été admis à fournir ses explications, déclaré démissionnaire par le préfet, sauf recours, dans les dix jours de la notification, devant le conseil de préfecture.

Les démissions sont adressées au sous-préfet, elles sont définitives à partir de l'accusé de réception par le préfet, et, à défaut de cet accusé de réception, un mois après un nouvel envoi de la démission constaté par lettre recommandée.

Reconnus légitimes par le conseil. Le préfet ne pourrait, sans excès de pouvoir, déclarer démissionnaire un conseiller sans avoir, au préalable, consulté le conseil. Il en serait de même si le conseil avait reconnu légtimes les absences reprochées à ce conseiller.

CHAPITRE III

Attributions des conseils municipaux.

ART. 61. — Le conseil municipal règle par ses délibérations les affaires de la commune.

Il donne son avis toutes les fois que cet avis est requis par les lois et réglements, ou qu'il est demandé par l'administration supérieure.

Il réclame, s'il y a lieu, contre le contingent assigné à la commune dans l'établissement des impôts de répartition.

Il émet des vœux sur tous les objets d'intérêt local.

Il dresse, chaque année, une liste contenant un nombre double de celui des répartiteurs et des répartiteurs suppléants à nommer : et, sur cette liste, le sous-préfet nomme les cinq répartiteurs visés dans l'article 9 de la loi du 3 frimaire an VII et les cinq répartiteurs suppléants.

Le conseil municipal règle. L'article 61 donne en principe, au conseil municipal, le droit de statuer définitivement sur toutes les affaires de la commune, sans que ses délibérations aient besoin d'être approuvées par l'autorité supérieure. Il n'y a d'exception que pour les objets énumérés limitativement à l'article 68. Hier encore, la règle était diamétralement opposée; en principe, les délibérations, même pour les affaires purement communales, n'étaient exécutoires qu'après avoir reçu l'approbation de l'autorité supérieure. Ce n'était que par exception et pour quelques matières limitativement énumérées, que le conseil municipal pouvait statuer définitivement.

Le paragraphe premier de cet article, donne le véritable caractère de la nouvelle loi qui est, quoiqu'on en puisse dire, un véritable progrès, et constitue un pas en avant vers les franchises municipales. Sans doute, il reste encore beaucoup à faire pour atteindre à l'autonomie communale dans ce qu'elle a de possible sans porter atteinte à l'unité de la nation, mais à chaque jour suffit sa peine. Est-il d'ailleurs bien déraisonnable de supposer que, lorsque nous aurons atteint ce qu'aujourd'hui les plus avancés considèrent comme l'idéal en cette matière, les mœurs et la pratique de la liberté auront rendus possibles, ou même nécessaires, des progrès auxquels personne ne songe en ce moment.

Si l'on veut se rendre compte du chemin parcouru, depuis moins de dix ans, dans la voie des franchises communales, il suffit de se reporter à la législation antérieure et notamment à l'art. 17 de la loi du 18 juillet 1837, qui énumérait quatre objets seulement, sur lesquels les conseils municipaux pouvaient statuer définitivement, et à l'article 1er de la loi du 24 juillet 1867, qui énumère limitativement neuf natures d'affaires sur lesquelles le Conseil pouvait statuer définitivement; mais à la condition qu'il fut d'accord avec le maire, lequel, jusqu'à ces derniers temps, était un véritable fonctionnaire, puisqu'il était nommé par le pouvoir exécutif. Le développement qu'exige l'article 61 comporterait, pour être complet, la matière d'un volume. On comprendra que le cadre de cette brochure ne nous permet même pas d'indiquer tout ce qui a trait aux affaires de la commune, mais le lecteur trouvera dans notre **Code communal commenté,** tous les renseignements et l'explication de tous les textes de lois qu'il est indispensable de posséder pour s'occuper des affaires communales.

Art. 62. — Expédition de toute délibération est adressée, dans la huitaine, par le maire au sous-préfet, qui en constate la réception sur un registre, et en délivre immédiatement récépissé.

Art. 63. — Sont nulles de plein droit :

1° Les délibérations d'un conseil municipal portant sur un objet étranger à ses attributions ou prises hors de sa réunion légale;

2° Les délibérations prises en violation d'une loi ou d'un règlement d'administration publique.

Hors de sa réunion légale. — Sous cette expression, il faut comprendre les délibérations prises dans des sessions extraordinaires non précédées de convocation et celles prises après que le président du conseil a déclaré la session close ou la séance levée

Art. 64. — Sont annulables les délibérations auxquelles auraient pris part des membres du conseil intéressés, soit en leur nom personnel, soit comme mandataires, à l'affaire qui en a fait l'objet.

Sont annulables. Le préfet a donc à apprécier dans quel degré l'intervention d'un conseiller intéressé a pu vicier la validité de la délibération. Il n'y a pas là nullité de droit.

Art. 65. — La nullité de droit est déclarée par le préfet en conseil de préfecture. Elle peut être prononcée par le préfet, et proposée ou opposée par les parties intéressées, à toute époque.

Art. 66. — L'annulation est prononcée par le préfet en conseil de préfecture.

Elle peut être provoquée d'office par le préfet dans un délai de trente jours à partir du dépôt du procès-verbal de la délibération à la sous-préfecture ou à la préfecture.

Elle peut aussi être demandée par toute personne intéressée et par tout contribuable de la commune.

Dans ce dernier cas, la demande en annulation doit être déposée, à peine de déchéance, à la sous-préfecture ou à la préfecture, dans un délai de quinze jours, à partir de l'affichage à la porte de la mairie.

Il en est donné récipissé.

Le préfet statuera dans le délai d'un mois.

Passé le délai de quinze jours sans qu'aucune demande ait été produite, le préfet peut déclarer qu'il ne s'oppose pas à la délibération.

Il importe de remarquer que l'annulation d'une délibération ne peut être prononcée que si cette délibération rentre dans un des cas prévu par les articles 63 et 64.

Art. 67. — Le conseil municipal et, en dehors du conseil,

toute partie intéressée, peut se pourvoir contre l'arrêté du préfet devant le conseil d'État. Le pourvoi est introduit et jugé dans les formes du recours pour excès de pouvoir.

Dans les formes du recours pour excès de pouvoir. C'est-à-dire que le recours doit être formé dans le délai de trois mois, par requête signée d'un avocat au conseil.

Art. 68. — Ne sont exécutoires qu'après avoir été approuvées par l'autorité supérieure, les délibérations portant sur les objets suivants :

1° Les conditions des baux dont la durée dépasse dix-huit ans ;

2° Les aliénations et échanges de propriétés communales ;

3° Les acquisitions d'immeubles, les constructions nouvelles, les reconstructions entières ou partielles, les projets, plans et devis des grosses réparations et d'entretien, quand la dépense totalisée avec les dépenses de même nature pendant l'exercice courant dépasse les limites des ressources ordinaires et extraordinaires que les communes peuvent se créer sans autorisation spéciale ;

4° Les transactions ;

5° Le changement d'affection d'une propriété communale déjà affectée à un service public.

6° La vaine pâture ;

7° Le classement, le déclassement, le redressement ou le prolongement, l'élargissement, la suppression, la dénomination des rues et places publiques, la création et la suppression des promenades, squares ou jardins publics, champs de foire, de tir ou de course, l'établissement des plans d'alignements et de nivellement des voies publiques municipales, les modifications à des plans d'alignement adoptés, le tarif des droits de voirie, le tarif des droits de stationnement et de location sur les dépendances de la grande voirie, et généralement les tarifs des droits divers à percevoir au profit des communes en vertu de l'article 133 de la présente loi.

8° L'acceptation des dons et legs faits à la commune lorsqu'il y a des charges ou conditions, ou lorsqu'ils donnent lieu à des réclamations des familles.

9° Le budget communal ;

10° Les crédits supplémentaires ;

11° Les contributions extraordinaires et les emprunts, sauf dans le cas prévu par l'article 141 de la présente loi;

12° Les octrois dans les cas prévus aux articles 137 et 138 de la présente loi;

13° L'établissement, la suppression ou les changements des foires et marchés autres que les simples marchés d'approvisionnement.

Les délibérations qui ne sont pas soumises à l'apppobation préfectorale ne deviendront néanmoins exécutoires qu'un mois après le dépôt qui aura été fait à la préfecture ou à la sous-préfecture. Le préfet pourra, par un arrêté, abréger ce délai.

Le paragraphe 1° de cet article ne distingue pas, comme le faisait la législation antérieure, entre les baux des immeubles pris à bail par la commune et ceux des propriétés communales. Désormais, tous les baux au-dessous de 18 ans sont définitivement adoptés par le conseil; ceux de plus de 18 ans doivent être approuvés par le préfet. Les ressources ordinaires dont il est question dans le paragraphe 3° sont celles énumérées à l'article 133. Les ressources extraordinaires sont celles que le conseil municipal peut voter aux termes de l'article 141. Il importe de remarquer que le paragraphe 4°, ne parlant pas des actions judiciaires, les délibérations y relatives n'ont pas besoin de l'approbation préfectorale; mais le maire ne peut mettre la délibération de cette nature à exécution, c'est-à-dire qu'il ne peut ester en justice, qu'après en avoir obtenu l'autorisation du conseil de préfecture. Le paragraphe 7° traite do tout ce qui touche à la voirie municipale.

Il importe de remarquer que la seconde partie du 13° de l'arti-68 ne donne pas au préfet le droit d'annuler ces délibérations en dehors des cas prévus par les articles 63 et 64. Encore bien moins lui donne-t-il le droit de les modifier. L'exécution n'en est suspendue que pour permettre au préfet de s'assurer qu'elles ne tombent pas sous l'application des articles 63 et 64. et il ne lui donne pas non plus le droit d'en suspendre l'exécution pendant un mois comme le faisait la législation intérieure. On trouvera d'ailleurs tous les paragraphes de cet article traités avec le plus grand soin dans le **Code communal commenté.**

Art. 69. — Les délibérations des conseils municipaux sur les objets énoncés à l'article précédent sont exécutoires, sur l'approbation du préfet, sauf les cas où l'approbation par le ministre compétant, par le conseil général, par la commission départementale, par un décret ou par une loi, est prescrite par les lois et règlements,

Le préfet statue en conseil de préfecture dans les cas prévus aux nos 1, 2, 4, 6 de l'article précédent.

Lorsque le préfet refuse son approbation ou qu'il n'a pas fait connaître sa décision dans un délai d'un mois à partir de la date du récipissé, le conseil municipal peut se pourvoir devant le ministre de l'intérieur.

L'article 69 pose en principe que l'approbation du préfet est suffisante. Les délibérations relatives aux acquisitions, aux constructions etc., dont il est parlé au paragraphe 3 de l'article 68, quand elles nécessitent des dépenses extraordinaires, sont approuvées par un décret ou par une loi selon les cas spécifiés à l'article 143. Le changement d'affectation d'une propriété communale doit être approuvé par l'autorité qui a autorisé l'affectation. L'acceptation des dons et legs est autorisée par le préfet ou par décrets suivant les distinctions établies à l'article III. Le budget communal et les crédits supplémentaires sont approuvés par decret pour les villes dont le revenu est de trois millions de francs au moins. Les contributions extraordinaires sont approuvées par décret ou par une loi selon les distinctions établies à l'article 14 3. L'établissement des foires est approuvé par le conseil général conformément à l'article 1er de la loi du 16 septembre 1879. On trouvera énumérée dans le **Code communal commenté** chaque nature de délibération avec l'indication de l'autorité à laquelle appartient le droit d'approbation.

Art. 70. — Le conseil municipal est toujours appelé à donner son avis sur les objets suivants :

1° Les circonscriptions relatives aux cultes ;

2° Les circonscriptions relatives à la distribution des secours publics ;

3° Les projets d'alignement et de nivellement de grande voirie dans l'intérieur des villes, bourgs et villages ;

4° La création des bureaux de bienfaisance ;

5° Les budgets et les comptes des hospices, hôpitaux et autres établissements de charité et de bienfaisance, des fabriques et autres administrations préposées aux cultes dont les ministres sont salariés par l'Etat ; les autorisations d'acquérir, d'aliéner, d'emprunter, d'échanger, de plaider ou de transiger, demandées par les mêmes établissements ; l'acceptation des dons et legs qui leur sont fait ;

6° Enfin, tous les objets sur lesquels les conseils municipaux sont appelés par les lois et règlements à donner leur avis et ceux sur lesquels ils seront consultés par le préfet ;

Lorsque le conseil municipal, à ce régulièrement requis et convoqué, refuse ou néglige de donner son avis, il peut être passé outre.

Le paragraphe cinq de cet article exige toujours l'avis du conseil municipal sur le budget des fabriques. La législation antérieure ne rendait cet avis obligatoire que quand les fabriques recevait un secours sur le budget communal. Le cadre de cette brochure ne nous permet pas d'énumérer tous les cas dans lesquels l'avis du conseil municipal est nécessaire aux termes de paragraphe 6 ; mais le lecteur trouvera les renseignements les plus complets sur cette matière dans le **Code Communal Commenté.**

Dans tous les cas prévus par cet article 70 c'est un simple avis qui est demandé au conseil municipal et, alors même que cette assemblée émettrait un vote défavorable, l'autorité supérieure n'est pas obligée de s'y conformer.

Art. 71. — Le conseil municipal délibère sur les comptes d'administration qui lui sont annuellement présentés par le maire, conformément à l'article 151 de la présente loi.

Il entend, débat et arrête les comptes de deniers des receveurs, sauf réglement définitif, conformément à l'article 157 de la présente loi.

Art. 72. — Il est interdit à tout conseil municipal, soit de publier des proclamations et adresses, soit d'émettre des vœux politiques, soit, hors les cas prévus par la loi, de se mettre en communication avec un ou plusieurs conseils municipaux.

La nulité des actes et des délibérations prises en violation de cet article est prononcée dans les formes indiquées aux articles 63 et 65 de la présente loi.

Des vœux politiques. En principe, le conseil municipal n'a le droit d'émettre des vœux que sur les questions purement locales et, jusqu'ici, l'autorité supérieure a considéré comme des vœux politiques, des vœux d'intérêt général.

TITRE III

Des maires et des adjoints.

ART. 73. — Il y a dans chaque commune un maire et un ou plusieurs adjoints élus parmi les membres du conseil municipal.

Le nombre des adjoints est de 1 dans les communes de 2,500 habitants et au-dessous, de 2 dans celles de 2,500 à 10,000. Dans les communes d'une population supérieure, il y aura un adjoint de plus par chaque excédent de 25,000 habitants, sans que le nombre des adjoints puisse dépasser 12, sauf en ce qui concerne la ville de Lyon, où le nombre des adjoints sera porté à 17.

La ville de Lyon continue à être divisée en six arrondissements municipaux. Le maire délègue spécialement deux de ses adjoints dans chacun de ces arrondissements. Ils sont chargés de la tenue des registres de l'état civil et des autres attributions déterminées par le règlement d'administration publique du 11 juin 1881, rendu en exécution de la loi du 21 avril 1881.

Il y aura un adjoint de plus. L'article 3 de la loi du 5 mai 1855 disait : « il pourra être nommé un adjoint de plus. » Il résulte de cette différence dans les termes que le nombre des adjoints dans les communes dont il s'agit, qui était laissé à la discrétion du gouvernement, est fixé obligatoirement, par la nouvelle loi, qui substitue une obligation à ce qui n'était qu'une simple faculté.

ART. 74. — Les fonctions de maires, adjoints, conseillers municipaux, sont gratuites. Elles donnent seulement droit au remboursement des frais que nécessite l'exécution des mandats spéciaux. Les conseils municipaux peuvent voter, sur les ressources ordinaires de la commune, des indemnités aux maires pour frais de représentation.

Les dispositions contenues dans les deux dernières phrases de cet article, sont nouvelles dans la législation, mais elles étaient admises dans la pratique.

Art. 75. — Lorsqu'un obstacle quelconque ou l'éloignement rend difficiles, dangereuses ou momentanément impossibles les communications entre le chef-lieu et une fraction de commune, un poste d'adjoint spécial peut être institué, sur la demande du conseil municipal, par un décret rendu en conseil d'Etat.

Cet adjoint, élu par le conseil, est pris parmi les conseillers, et, à défaut d'un conseiller résidant dans cette fraction de la commune, ou, s'il est empêché, parmi les habitants de la fraction. Il remplit les fonctions d'officier de l'état civil, et il peut être chargé de l'exécution des lois et des règlements de police dans cette partie de la commune. Il n'a pas d'autres attributions.

La fonction d'officier de l'état civil est une des plus importantes de toutes celles que les lois confèrent au maire. On trouvera dans le **Code communal commenté**, le texte et l'explication des articles du code civil concernant cette matière.

Art. 76. — Le conseil municipal élit le maire et les adjoints parmi ses membres au scrutin secret et à la majorité absolue.

Si, après deux tours de scrutin, aucun candidat n'a obtenu la majorité absolue, il est procédé à un troisième tour de scrutin et l'élection a lieu à la majorité relative. En cas d'égalité de suffrages, le plus âgé est déclaré élu.

On trouvera sous l'article 30, l'explication des expressions *majorité absolue* et *majorité relative.*

Art. 77. — La séance dans laquelle il est procédé à l'élection du maire est présidée par le plus âgé des membres du conseil municipal.

Pour toute élection du maire ou des adjoints, les membres du conseil municipal sont convoqués dans les formes et délais prévus par l'article 48; la convocation contiendra la mention spéciale de l'élection à laquelle il devra être procédé.

Avant cette convocation, il sera procédé aux élections qui pourraient être nécessaires pour compléter le conseil municipal. Si, après les élections complémentaires, de nouvelles vacances se produisent, le conseil municipal procédera néanmoins à l'élection du maire et des adjoints, à moins qu'il ne soit réduit aux trois quarts de ses membres. En ce cas, il y aura lieu de recourir à de nouvelles élections complémentaires. Il y sera procédé dans le délai d'un mois, à dater de la dernière vacance.

Art. 78. — Les nominations sont rendues publiques dans es vingt-quatre heures de leur date, par voie d'affiches à la porte de la mairie. Elles sont, dans le même délai, notifiées au sous-préfet.

Notifiées au sous-préfet. Le président adresse au sous-préfet un procés-verbal de la séance dans laquelle a eu lieu l'élection.

Art. 79. — L'élection du maire et des adjoints peut être arguée de nullité dans les conditions, formes et délais prescrits pour les réclamations contre les élections du conseil municipal. Le délai de cinq jours court à partir de vingt-quatre heures après l'élection.

Lorsque l'élection est annulée ou que, pour toute autre cause, le maire ou les adjoints ont cessé leurs fonctions, le conseil, s'il est au complet, est convoqué pour procéder au remplacement dans le délai de quinzaine.

S'il y a lieu de compléter le conseil, il sera procédé aux élections complémentaires dans la quinzaine de la vacance, et le nouveau maire sera élu dans la quinzaine qui suivra. Si, après les élections complémentaires, de nouvelles vacances se produisent, l'article 77 sera applicable.

Dans les formes et délais. C'est-à-dire conformément aux dispositions de l'article 37.

Art. 80. — Ne peuvent être maires ou adjoints ni en exercer même temporairement les fonctions :

Les agents et employés des administrations financières, les trésoriers-payeurs généraux, les receveurs particuliers et les percepteurs ; les agents des forêts, ceux des postes et des télégraphes, ainsi que les gardes des établissements publics et des particuliers.

Les agents salariés du maire ne peuvent être adjoints.

Aux termes de l'article 33, paragraphe 9, un ministre du culte peut être conseiller municipal dans une autre commune que celle où il exerce ses fonctions. L'article 80 ne les comprenant pas, il en résulte qu'un ministre du culte pourrait être élu maire dans la commune où il est conseiller municipal. C'est là une innovation, car l'article 5 de la loi de 1855, leur interdisait formellement les fonctions de maire dans n'importe quelle commune.

Art. 81. — Les maires et adjoints sont nommés pour la même durée que le Conseil municipal.

Ils continuent l'exercice de leurs fonctions, sauf les dispositions des articles 80, 86, 87 de la présente loi, jusqu'à l'installation de leurs successeurs.

Toutefois, en cas de renouvellement intégral, les fonctions de maire et d'adjoints sont, à partir de l'installation du nouveau conseil jusqu'à l'élection du maire, exercées par les conseillers municipaux dans l'ordre du tableau.

Pour la même durée. Ceci ne veut pas dire que le maire est nommé pour quatre ans, mais bien qu'il est nommé pour le temps pendant lequel le conseil qui l'a élu restera en fonction.

Art. 82. — Le maire est seul chargé de l'administration; mais il peut, sous sa surveillance et sa responsabilité, déléguer, par arrêté, une partie de ses fonctions à un ou plusieurs de ses adjoints, et en l'absence ou en cas d'empêchement des adjoints, à des membres du conseil municipal.

Ces délégations subsistent tant qu'elles ne sont pas rapportées.

L'article 82 exige que la délégation soit constatée par un arrêté; cette disposition est nouvelle, jusqu'ici une délégation verbale suffisait. Désormais, la nécessité de l'arrêté s'impose, mais cette disposition ne s'applique pas au cas d'absence du maire prévu par l'article 84.

Art. 83. — Dans les cas où les intérêts du maire se trouvent en opposition avec ceux de la commune, le Conseil municipal désigne un autre de ses membres pour représenter la commune, soit en justice, soit dans les contrats.

Art. 84. — En cas d'absence, de suspension, de révocation ou de tout autre empêchement, le maire est provisoirement remplacé, dans la plénitude de ses fonctions, par un adjoint, dans l'ordre des nominations, et, à défaut d'adjoints, par un conseiller municipal désigné par le Conseil, sinon pris dans l'ordre du tableau.

L'article 4 de la loi de 1855, attribuait au préfet le droit de désigner le conseiller municipal qui devait, dans les cas ci-dessus, remplacer provisoirement le maire. L'article 84 enlève ce droit au préfet pour le donner au conseil municipal.

Art. 85. — Dans le cas où le maire refuserait ou négligerait de faire un des actes qui lui sont prescrits par la loi, le préfet peut, après l'en avoir requis, y procéder d'office par lui-même ou par un délégué spécial.

Cet article n'est que la reproduction de l'article 15 de la loi du 18 juillet 1837.

Art. 86. — Les maires et adjoints peuvent être suspendus par arrêté du préfet pour un temps qui n'excédera pas un mois et qui peut être porté à trois mois par le ministre de l'intérieur.

Ils ne peuvent être révoqués que par décret du Président de la République.

La révocation emporte de plein droit l'inéligibilité aux fonctions de maire et à celles d'adjoint pendant une année, à dater du décret de révocation, à moins qu'il ne soit procédé auparavant au renouvellement général des conseils municipaux.

Dans les colonies régies par la présente loi, la suspension peut être prononcée par arrêté du gouverneur pour une durée de trois mois. Cette durée peut être prolongée par le ministre.

Le gouverneur rend compte immédiatement de sa décision au ministre de la marine et des colonies.

Aux termes de l'article 2, de la loi du 5 mai 1855, la durée de la suspension n'était pas limitée. L'article 86, constitue donc un progrès en la limitant à trois mois au maximum.

Art. 87. — Au cas prévu et réglé par l'article 44, le président, et, à son défaut, le vice-président de la délégation spéciale remplit les fonctions de maire.

Ses pouvoirs prennent fin dès l'installation du nouveau conseil.

Art. 88. — Le maire nomme à tous les emplois communaux pour lesquels les lois, décrets et ordonnances actuellement en vigueur ne fixent pas un droit spécial de nomination.

Il suspend et révoque les titulaires de ces emplois.

Il peut faire assermenter et commissionner les agents nommés par lui, mais à la condition qu'ils soient agréés par le préfet ou le sous-préfet.

Les gardes champêtres, les gardes des bois communaux, les employés de l'octroi sont nommés par le préfet.

Art. 89. — Lorsque le maire procède à une adjudication publique pour le compte de la commune, il est assisté de deux membres du Conseil municipal, désignés d'avance par le Conseil ou, à défaut de cette désignation, appelés dans l'ordre du tableau.

Le receveur municipal est appelé à toutes les adjudications. Toutes les difficultés qui peuvent s'élever sur les opérations préparatoires de l'adjudication sont résolues, séance tenante, par le maire et les deux assistants, à la majorité des voix, sauf le recours de droit.

Il n'est pas dérogé aux prescriptions du décret du 17 mai 1809 relatives à la mise en ferme des octrois.

On trouvera le texte et le commentaire du décret du 17 mai 1809, dans notre **Code communal commenté.**

Art. 90. — Le maire est chargé, sous le contrôle du Conseil municipal et la surveillance de l'administration supérieure :

1° De conserver et d'administrer les propriétés de la commune et de faire, en conséquence, tous actes conservatoires de ses droits ;

2° De gérer les revenus, de surveiller les établissements communaux et la comptabilité communale ;

3° De préparer et proposer le budget et ordonnancer les dépenses ;

4° De diriger les travaux communaux ;

5° De pourvoir aux mesures relatives à la voirie municipale ;

6° De souscrire les marchés, de passer les baux des biens et les adjudications des travaux communaux dans les formes établies par les lois et règlements et par les articles 68 et 69 de la présente loi ;

7° De passer dans les mêmes formes les actes de vente, échange, partage, acceptation de dons ou legs, acquisition, transaction, lorsque ces actes ont été autorisés conformément à la présente loi;

8° De représenter la commune en justice, soit en demandant, soit en défendant ·

9° De prendre, de concert avec les propriétaires ou les détenteurs du droit de chasse dans les buissons, bois et forêts, toutes les mesures nécessaires à la destruction des animaux nuisibles désignés dans l'arrêté du préfet pris en vertu de l'article 9 de la loi du 3 mai 1844;

De faire, pendant le temps de neige, à défaut des détenteurs du droit de chasse à ce dûment invités, détourner les loups et sangliers remis sur le territoire; de requérir à l'effet, de les détruire, les habitants avec armes et chiens propres à la chasse de ces animaux;

De surveiller et d'assurer l'exécution des mesures ci-dessus et d'en dresser procès-verbal;

10° Et, d'une manière générale, d'exécuter les décisions du conseil municipal.

Cet article énumère les attributions du maire comme représentant de la personne civile de la commune. Il reproduit en grande partie l'article 10 de la loi du 18 juillet 1837. Il importe de remarquer que la nouvelle loi n'a pas reproduit le paragraphe 2 de l'article 47 de la loi de 1837 qui exigeait toujours l'approbation préfectorale pour la validité de l'acte de bail passé par le maire quelle que fut la durée du bail. En conséquence, l'acte de bail passé par le maire est désormais exécutoire par lui-même sans approbation du préfet, mais les conditions doivent en avoir été adoptées par le conseil municipal. Si la durée du bail dépasse dix-huit ans, la délibération du conseil doit-être approuvée par le préfet. Chacun des paragraphes de cet article 90, si important pour l'administration de la commune, est l'objet de longs développements dans notre **Code communal commenté.**

Art. 91. — Le maire est chargé, sous la surveillance de l'administration supérieure, de la police municipale, de la police rurale et de l'exécution des actes de l'autorité supérieure qui y sont relatifs.

De ce que le maire exerce ces fonctions sous la surveillance de l'administration supérieure, il en résulte que les arrêtés du maire, pris en vertu des attributions que lui confère l'article 91, peuvent être déférés à l'administration supérieure, qui a le droit de les annuler.

Art. 92. — Le maire est chargé, sous l'autorité de l'administration supérieure :

1° De la publication et de l'exécution des lois et réglements.

2° De l'exécution des mesures de sûreté générale.

3° Des fonctions spéciales qui lui sont attribuées par les lois.

Sous l'autorité. Ici le maire n'est plus qu'un agent du gouvernement, et, à ce titre, il doit exécuter les ordres qui lui sont transmis par l'autorité supérieure, c'est-à-dire par le préfet ou le sous-préfet.

Les lois qui confèrent au maire des attributions, spéciales sont si nombreuses et touchent à des objets tellement variés, qu'il n'est même pas possible de les énumérer ici. Nous devons nous contenter d'indiquer les principales. Le maire est officier de l'état civil : il rédige les actes de naissance, de mariage, de décès. Il est officier de police judiciaire : il peut constater les délits et contraventions, il peut procéder à des arrestations, il peut, dans certains cas, pénétrer dans le domicile des citoyens. Il a de nombreuses attributions qui lui sont conférées par les lois concernant l'armée, l'enseignement, la police, les impôts, l'hygiène, les élections, etc. On trouvera tous ces textes, avec les explications que chacun d'eux comporte dans notre **Code communal commenté.**

Art. 93 — Le maire, ou à son défaut, le sous-préfet, pourvoit d'urgence à ce que toute personne décédée soit ensevelie et inhumée décemment, sans distinction de culte ni de croyance.

Cet article n'a point pour objet d'interdire les cérémonies du culte comme le dernier membre de phrases semblerait l'indiquer. Il doit être entendu en ce sens que, quel que soit le culte du défunt, le maire a pour devoir de veiller à ce qu'il soit enseveli et inhumé décemment.

Art. 94. — Le maire prend des arrêtés à l'effet :

1° D'ordonner les mesures locales sur les objets confiés par les lois à sa vigilance et à son autorité.

2° De publier de nouveau les lois et les règlements de police et de rappeler les citoyens à leur observation.

Les arrêtés du maire ne peuvent avoir d'effet rétroactif; la contravention aux dispositions qu'ils contiennent est punie par l'article 471 du code pénal. Ils sont immédiatement exécutoires par eux-mêmes, sauf ce qui est dit au paragraphe 3 de l'article 95. Ils n'ont pas besoin, pour être exécutoires, d'avoir reçu l'approbation préfectorale.

Art. 95. — Les arrêtés pris par le maire sont immédiatement adressés au sous-préfet ou, dans l'arrondissement du chef-lieu du département, au préfet.

Le préfet peut les annuler ou en suspendre l'exécution.

Ceux de ces arrêtés qui portent règlement permanent ne sont exécutoires qu'un mois après la remise de l'ampliation constatée par les récépissés délivrés par le sous-préfet ou le préfet. Néanmoins, en cas d'urgence, le préfet peut en autoriser l'exécution immédiate.

Le Préfet peut les annuler. Le recours au Préfet n'est pas suspensif, et les arrêtés doivent être exécutés tant qu'ils n'ont été ni annulés ni suspendus. *Ceux qui portent règlement permanent.* On désigne ainsi ceux qui statuent d'une manière générale sur l'une des matières comprises dans les attributions du maire. N'est pas considéré comme permanent l'arrêté qui statue sur un cas particulier et spécial. Voir, pour plus de détails, notre **Code communal commenté**.

Art. 96. — Les arrêtés du maire ne sont obligatoires qu'après avoir été portés à la connaissance des intéressés, par voies de publications et d'affiches, toutes les fois qu'ils contiennent des dispositions générales, et, dans les autres cas, par voie de notification individuelle.

La publication est constatée par une déclaration certifiée par le maire.

La notification est établie par le récépissé de la partie intéressée, ou à son défaut, par l'original de la notification conservé dans les archives de la mairie.

Les arrêtés, actes de publication et de notification, sont inscrits à leur date sur le registre de la mairie.

Par voie de notification individuelle. Cette notification consiste dans la remise d'une copie de l'arrêté faite par le maire, le garde champêtre ou tout autre agent, soit à la personne intéressée, soit à son domicile, soit même à sa résidence. Le maire ou l'agent doit dresser procès-verbal de cette notification et y indiquer la date et le nom de la personne a qui la copie a été remise. Il n'y a aucune formule sacramentelle pour la rédaction de ces procès-verbaux.

ART. 97. — La police municipale a pour objet d'assurer le bon ordre, la sûreté et la salubrité publique.

Elle comprend notamment :

1° Tout ce qui intéresse la sûreté et la commodité du passage dans les rues, quais, places et voies publiques, ce qui comprend le nettoiement. l'éclairage, l'enlèvement des encombrements, la démolition ou la réparation des édifices menaçant ruine, l'interdiction de rien exposer aux fenêtres ou autres parties des édifices qui puisse nuire par sa chute, ou celle de rien jeter qui puisse endommager les passants ou causer des exhalaisions nuisibles ;

2° Le soin du réprimer les atteintes à la tranquillité publique, telles que les rixes et disputes accompagnées d'ameutement dans les rues, le tumulte excité dans les lieux d'assemblée publique, les attroupements, les bruits et rassemblements nocturnes qui troublent le repos des habitants, et tous actes de nature à compromettre la tranquillité publique ;

3° Le maintien du bon ordre dans les endroits où il se fait de grands rassemblements d'hommes, tels que les foires, marchés, réjouissances et cérémonies publiques, spectacles, jeux, cafés, églises et autres lieux publics ;

4° Le mode de transport des personnes décédées, les inhumations et exhumations, le maintien du bon ordre et de la décence dans les cimetières, sans qu'il soit permis d'établir des distinctions ou des prescriptions particulières à raison des croyances ou du culte du défunt ou des circonstances qui ont accompagne sa mort.

5° L'inspection sur la fidélité du débit des denrées qui se vendent au poids ou à la mesure et sur la salubrité des comestibles exposés en vente;

6° Le soin de prévenir, par des précautions convenables, et celui de faire cesser, par la distribution des secours nécessaires, les accidents et les fléaux calimiteux, tels que les incendies, les inondations, les maladies épidémiques ou contagieuses, les épizooties, en provoquant, s'il y a lieu, l'intervention de l'administration supérieure;

7° Le soin de prendre provisoirement les mesures nécessaires contre les aliénés dont l'état pourrait compromettre la morale publique, la sécurité des personnes ou la conservation des propriétés.

8° Le soin d'obvier ou de remédier aux évènements fâcheux qui pourraient être occasionnés par la divagation des animaux malfaisants ou féroces.

Comme on peut le constater à la lecture de cet article, la police municipale comprend les matières les plus diverses. Les attributions du maire en ce qui concerne la police municipale sont des plus étendues, elles n'ont pour ainsi dire pas de limites. Le maire peut prendre sous sa responsabilité, et sous le contrôle de l'administration supérieure, toutes les mesures nécessaires pour assurer la tranquillité, la salubrité publique. Il peut interdire sur la voie publique, les chants, les musiques, les ressemblements, les cris, le stationnnement, les manifestations, les processions, le jet des eaux ménagères ou industrielles etc.

Il a également sur les lieux publics les pouvoirs les plus étendus. Il peut interdire les bals, les spectacles, les jeux, les chants. Il peut déterminer les heures d'ouverture et de fermeture. Il a en tout temps, le droit d'y pénétrer etc.

Tout ce qui concerne les inhumations et la police des cimetières est dans ses attributions.

Au point de vue de la salubrité, ses pouvoirs ne sont pas moins vastes. Il peut interdire la vente des comestibles corrompus, des fruits verts : il peut ordonner l'enlèvement de tout objet de nature à compromettre la salubrité. On peut voir, par ce rapide énoncé, l'importance de l'article 97 qui est le sujet d'une étude complète et minutieuse dans notre **Code communal commenté** ou sont ennumérés tous les genres d'arrêté que le maire a le droit de prendre.

Art. 98. — Le maire a la police des routes nationales et départementales, et des voies de communication, dans l'intérieur des agglomérations, mais seulement en ce qui touche à la circulation sur lesdites voies.

Il peut, moyennant le payement de droit fixés par un tarif dûment établi, sous les réserves imposées par l'article 7 de la loi du 11 frimaire an VII, donner des permis de stationnement ou de dépôt temporaire sur la voie publique, sur les rivières, ports et quais fluviaux et autres lieux publics.

Les alignements individuels, les autorisations de bâtir, les autres permissions de voirie sont délivrés par l'autorité compétente, après que le maire aura donné son avis dans le cas où il ne lui appartient pas de les délivrer lui-même.

Les permissions de voirie à titre précaire ou essentiellement révocable sur les voies publiques, qui sont placées dans les attributions du maire et ayant pour objet, notamment, l'établissement, dans le sol de la voie publique, des canalisations destinées au passage ou à la conduite soit de l'eau, soit du gaz, peuvent, en cas de refus du maire non justifié par l'intérêt général, être accordées par le préfet.

Par l'article 7 de la loi du 11 frimaire au VII. C'est-à-dire avec l'approbation de l'autorité supérieure. *Sont délivrés par l'autorité compétente.* Cette autorité est le maire pour les rues et autres voies publiques qui ne sont pas le prolongement d'une route nationale, départementale ou d'un chemin de grande communication et le préfet pour celles-ci.

Art. 99. — Les pouvoirs qui appartiennent au maire, en vertu de l'article 91, ne font pas obstacle au droit du préfet de prendre, pour toutes les communes du département ou plusieurs d'entre elles, et dans tous les cas où il n'y aurait pas été pourvu par les autorités municipales, toutes mesures relatives au maintien de la salubrité, de la sûreté et de la tranquillité publiques.

Ce droit ne pourra être exercé par le préfet à l'égard d'une seule commune qu'après une mise en demeure au maire restée sans résultats.

Il résulte d'une manière générale de la discussion de cet article, qui a donné lieu à de longs débats, surtout au Sénat, que le préfet ne peut suppleer à la négligence du maire pour les matières purement municipales, que quand cette négligence peut compromettre la sûreté ou la salubrité des communes voisines. Ainsi entendu, cet article ne porte qu'une atteinte fort légitime au droit propre du maire pour tout ce qui concerne la police municipale proprement dite.

Art. 100. — Les cloches des églises sont spécialement affectées aux cérémonies du culte.

Néanmoins, elles peuvent être employées : dans les cas de péril commun qui exigent un prompt secours et dans les circonstances où cet emploi est prescrit par des dispositions de lois ou règlements, ou autorisé par les usages locaux.

Les sonneries religieuses comme les sonneries civiles feront l'objet d'un règlement concerté entre l'évêque et le préfet, ou entre le préfet et les consistoires, et arrêté, en cas de désaccord, par le ministre des cultes.

Cet article, bien que nouveau dans la législation, ne fait guère que confirmer l'état de choses existant actuellement en vertu d'un avis du comité de législation du conseil d'Etat en date du 17 juin 1840.

Art. 101. — Une clef du clocher sera déposée entre les mains des titulaires ecclésiastiques, une autre entre les mains du maire, qui ne pourra en faire usage que dans les circonstances prévues par les lois ou règlements.

Si l'entrée du clocher n'est pas indépendante de celle de l'église, une clef de la porte de l'église sera déposée entre les mains du maire.

Cet article nouveau comme texte législatif, est la conséquence de l'article précédent dont il ne fait que faciliter la mise à exécution.

Art. 102. — Toute commune peut avoir un ou plusieurs gardes champêtres. Les gardes champêtres sont nommés par le maire; ils doivent être agréés et commissionnés par le sous-préfet ou par le préfet dans l'arrondissement du chef-lieu. Le préfet ou le sous-préfet devra faire connaître son agrément ou son refus d'agréer dans le délai d'un mois. Ils doivent être assermentés, ils peuvent être suspendus par le maire. La suspension ne pourra durer plus d'un mois ; le préfet seul peut les révoquer.

En dehors de leurs fonctions relatives à la police rurale les gardes champêtres sont chargés de rechercher, chacun dans le territoire pour lequel il est assermenté, les contraventions aux règlements et arrêtés de police municipale. Ils dressent des procès-verbaux pour constater ces contraventions.

On trouvera dans le **Code communal commenté** tous les textes des lois spéciales qui donnent des attributions aux gardes champêtres.

Art. 103. — Dans les villes ayant plus de 40,000 habitants, l'organisation du personnel chargé du service de la police est réglée, sur l'avis du conseil municipal, par décret du Président de la République.

Si un conseil n'allouait pas les fonds exigés pour la dépense, ou n'allouait qu'une somme insuffisante, l'allocation nécessaire serait inscrite au budget par décret du Président de la République, le conseil d'Etat entendu.

Dans toutes les communes, les inspecteurs de police, les brigadiers et sous-brigadiers et les agents de police nommés par le maire doivent être agréés par le sous-préfet ou par le préfet. Ils peuvent être suspendus par le maire, mais le préfet seul peut les révoquer.

Art. 104. — Le préfet du Rhône exerce dans les communes de Lyon, Caluire et Cuire, Oullins, Sainte-Foy, Saint-Rambert, Villeurbane, Vaux-en-Velin, Bron Vénissieux et Pierre-Bénite, du département du Rhône, et dans celle de Sathonay du département de l'Ain, les mêmes attributions que celles qu'exerce le préfet de police dans les communes suburbaines de la Seine.

Les mêmes attributions. C'est une loi du 10 juin 1853 qui détermine les attributions du Préfet de police dans les communes du département de la Seine ; on en trouvera le texte et l'explication dans le **Code communal commenté**.

Art. 105. — Dans les communes dénommées à l'article 104, les maires restent investis de tous les pouvoirs de police conférés aux administrations municipales par les paragraphes 1, 4, 5, 6, 7, et 8 de l'article 97.

Ils sont, en outre, chargés du maintien du bon ordre dans les foires, marchés, réjouissances et cérémonies publiques, spectacles, jeux, cafés, églises et autres lieux publics.

Art. 106. — Les communes sont civilement responsables des dégâts et dommages résultant des crimes ou délits commis, à force ouverte ou par violence, sur leur territoire, par des attroupements ou rassemblements armés ou non armés, soit envers les personnes, soit contre les propriétés publiques ou privées.

Les dommages-intérêts dont la commune est responsable sont répartis entre tous les habitants domiciliés dans ladite commune, en vertu d'un rôle spécial comprenant les quatre contributions directes.

Art. 107. — Si les attroupements ou rassemblements ont été formés d'habitants de plusieurs communes, chacune d'elles est responsable des dégâts et dommages causés, dans la proportion qui sera fixée par les tribunaux.

Art. 108. — Les dispositions des articles 106 et 107 ne sont pas applicables :

1° Lorsque la commune peut prouver que toutes les mesures qui étaient en son pouvoir ont été prises à l'effet de prévenir les attroupements ou rassemblements, et d'en faire connaître les auteurs ;

2° Dans les communes où la municipalité n'a pas la disposition de la police locale ni de la force armée ;

3° Lorsque les dommages causés sont le résultat d'un fait de guerre.

Art. 109. — La commune déclarée responsable peut exercer son recours contre les auteurs et complices du désordre.

Les articles 106 à 109 remplacent et abrogent les dispositions véritablement draconniennes des titres 1, IV et V de la loi du 10 vendémiaire, an IV. Pour que la commune soit responsable, il faut : 1° que les dégâts aient été causés par des attroupements ou rassemblements, un ou deux malfaiteurs isolés ne sauraient engager la responsabilité de la commune; 2° que la municipalité ait la disposition de la police. Si donc les dégâts ont été commis pendant que la commune était en état de siège, il n'y a pas responsabilité.

TITRE IV

De l'administration des communes.

CHAPITRE 1er

Des biens, travaux et établissements communaux.

Art. 110. — La vente des biens mobiliers et immobiliers des communes, autres que ceux servant à un usage public peut être autorisée sur la demande de tout créancier, porteur de titre exécutoire, par un décret du Président de la République qui détermine les formes de la vente.

Art. 111. — Les délibérations du conseil municipal ayant pour objet l'acceptation de dons et legs, lorsqu'il y a des charges ou conditions, sont exécutoires sur arrêté du préfet, pris en conseil de préfecture.

S'il y a réclamation des prétendants droits à la succession, quelles que soient la quotité et la nature de la donation ou du legs, l'autorisation ne peut être accordée que par décret rendu en conseil d'Etat.

Si la donation ou le legs ont été faits à un hameau ou quartier d'une commune qui n'est pas encore à l'état de section ayant la personnalité civile, les habitants du hamau ou quartier seront appelés à élire une commission syndicale, conformément à l'article 129 ci-dessous. La commission syndicale délibérera sur l'acceptation de la libéralité, et dans aucun cas l'autorisation d'accepter ne pourra être accordée que par un décret rendu dans la forme des règlements d'administration publique.

Dans aucun cas. C'est-à-dire qu'il y ait ou non des charges ou conditions. On voit que ce dernier paragraphe déroge, lorsqu'il s'agit de legs ou dons faits à un hameau ou quartier, à la règle générale posée par le paragraphe premier du même article.

Art. 112. — Lorsque la délibération porte refus de dons ou legs, le préfet peut, par un arrêté motivé, inviter le conseil municipal à revenir sur sa première délibération. Le refus n'est définitif que si, par une seconde délibération, le conseil municipal déclare y persister.

Si le don ou le legs a été fait à une section de commune et que le conseil municipal soit d'avis de refuser la libéralité, il sera procédé comme il est dit au parragraphe 3 de l'article 111.

Art. 113. — Le maire peut toujours, à titre conservatoire, accepter les dons ou legs, et former avant l'autorisation toute demande en délivrance.

Le décret du Président de la République, l'arrêté du préfet ou la délibération du conseil municipal, qui interviennent ultérieurement, ont effet du jour de cette acceptation.

Il résulte du dernier paragraphe de cet article que le maire peut accepter provisoirement, sans y avoir été préalablement autorisé par le conseil municipal puisque ce paragraphe dit que la délibération qui interviendra ultérieurement aura effet du jour de cette acceptation. C'est une heureuse innovation.

ART. 114. — Aucune construction nouvelle ou reconstruction ne peut être faite que sur la productien des plans et devis approuvés par le conseil municipal, sauf les exceptions prévues par des lois spéciales.

Les plans et devis sont, en outre, approuvés par le préfet dans les cas prévus par l'article 68, paragraphe 3.

Dans les cas prévus. Il résulte de ces expressions que, dans les autres cas, les plans est devis n'ont pas besoin d'être approuvés par le préfet comme sous la loi de 1837.

ART. 115. — Les traités de gré à gré à passer dans les conditions prévues par l'ordonnance du 14 novembre 1837 et qui ont pour objet l'exécution, par entreprise, des travaux d'ouverture des nouvelles voies publiques et de tous autres travaux communaux, sont approuvés par le préfet, ou par décret, dans le cas prévu par l'article 145, paragraphe 3.

Il en est de même des traités portant concession à titre exclusif, ou pour une durée de plus de trente années, des grands services municipaux, ainsi que des tarifs et traités relatifs aux pompes funèbres.

Dans les conditions prévues. C'est-à-dire, lorsque les travaux ou fournitures n'excèdent pas une dépense de trois mille francs et dans quelques cas limitativement énumérés dans l'article 2 de cette ordonnance. On trouvera le texte et l'explication de cette ordonnance dans notre **Code communal commenté.**

ART. 116. — Deux ou plusieurs conseils municipaux peuvent provoquer entre eux, par l'entremise de leurs présidents, et après en avoir averti les préfets, une entente sur les objets d'utilité communale compris dans leurs attributions et qui intéressent à la fois leurs communes respectives.

Ils peuvent faire des conventions à l'effet d'entreprendre ou de conserver à frais communs des ouvrages ou des institutions d'utilité commune.

ART. 117. — Les questions d'intérêt commun sont débattues dans des conférences où chaque conseil municipal sera représenté par une commission spéciale nommée à cet effet, et composée de trois membres nommés au scrutin secret.

Les préfets et les sous-préfets des départements, et arrondissements comprenant les communes intéressées, pourront toujours assister à ces conférences. Les décisions qui y seront prises ne seront exécutoires qu'après avoir été ratifiées par tous les conseils municipaux intéressés, et sous les réserves énoncées au chapitre 3 du titre IV de la présente loi.

Art. 118. — Si des questions autre que celles que prévoit l'article 116 étaient mises en discussion, le préfet du département où la conférence a lieu déclarerait la réunion dissoute.

Toute délibération prise après cette déclaration donnerait lieu à l'application des dispositions et pénalités énoncées à l'article 34 de la loi du 10 août 1871.

Les articles 116, 117 et 118 sont la reproduction presque textuelle des articles 89, 90 et 91 de la loi du 10 août 1871 relative aux conseils généraux. Ils constituent une innovation des plus utiles, et dont nos administrateurs municipaux pourront retirer le plus grand profit.

Art. 119. — Les délibérations des commissions administratives des hospices, hôpitaux et autres établissements charitables communaux, concernant un emprunt, sont exécutoires en vertu d'un arrêté du préfet, sur avis conforme du conseil municipal, lorsque la somme à emprunter ne dépasse pas le chiffre des revenus ordinaires de l'établissement, et que le remboursement doit être effectué dans un délai de douze années.

Si la somme à emprunter dépasse le dit chiffre ou si le délai de remboursement excède douze années, l'emprunt ne peut être autorisé que par un décret du président de la République.

Le décret est rendu en conseil d'Etat si l'avis du conseil municipal est contraire ou s'il s'agit d'un établissement ayant plus de 100,000 fr. de revenu.

L'emprunt ne peut être autorisé que par une loi lorsque la somme à emprunter dépasse 500,000 fr., ou lorsque la dite somme, réunie aux chiffres d'autres emprunts non encore remboursés, dépasse 500,00 fr.

Cet article est la reproduction de l'article 12 de la loi du 24 juillet 1867.

ART. 120. — Les délibérations par lesquelles les commissions administratives, chargées de la gestion des établissements publics communaux, changeraient en totalité ou en partie l'affectation des locaux ou objets immobiliers ou mobiliers appartenant à ces établissements, dans l'intérêt d'un service public ou privé quelconque, ou mettraient à la disposition, soit d'un autre établissement public ou privé, soit d'un particulier, lesdits locaux et objets, ne sont exécutoires qu'après avis du conseil municipal et en vertu d'un décret rendu sur la proposition du ministre de l'intérieur.

CHAPITRE II

Des actions judiciaires.

ART. 121. — Nulle commune ou section de commune ne peut ester en justice, sans y être autorisée par le conseil de préfecture, sauf les cas prévus aux articles 122 et 154 de la présente loi.

Après tout jugement intervenu, la commune ne peut se pourvoir devant un autre degré de juridiction, qu'en vertu d'une nouvelle autorisation du conseil de préfecture.

Dans les cas prévus par les deux paragraphes précédents, la décision du conseil de préfecture doit être rendue dans les deux mois, à compter du jour de la demande en autorisation. A défaut de décision rendue dans ledit délai, la commune est autorisée à plaider.

La commune, en tant que personne civile, est représentee par le maire qui, pour l'administration des biens de la commune, est appelée à passer des contrats qui peuvent donner lieu à des contestations judiciaires. En principe, les actions de cette nature, qu'elles soient intentées contre ou par les communes, doivent être portées devant les tribunaux ordinaires, c'est-à-dire devant les tribunaux civils. Mais il y a, à cette règle générale, de nombreuses exceptions, notamment en ce qui concerne les travaux publics communaux. On trouvera un traité succinct, mais complet, de la compétence pour toutes les actions judiciaires, dans lesquelles une commune peut être intéressée dans le **Code communal commenté.**

ART. 122. — Le maire peut toujours, sans autorisation préalable, intenter toute action possessoire ou y défendre, et faire tous actes conservatoires ou interruptifs des déchéances

Il peut, sans autre autorisation, interjeter appel de tout jugement et se pourvoir en cassation ; mais il ne peut ni suivre sur son appel, ni suivre sur le pourvoi, qu'en vertu d'une nouvelle autorisation.

Sans autorisation préalable. Il s'agit de l'autorisation accordée par le conseil de préfecture, car le maire ne pourrait ester en justice, même en matière possessoire, sans l'autorisation du conseil municipal.

ART. 123. — Tout contribuable inscrit au rôle de la commune a le droit d'exercer, à ses frais et risques, avec l'autorisation du conseil de préfecture, les actions qu'il croit appartenir à la commune ou section, et que celle-ci, préalablement appelée à en délibérer, a refusé ou négliger d'exercer.

La commune ou section est mise en cause et la décision qui intervient a effet à son égard.

Cet article ne fait que reproduire l'article 49, paragraphe 3 et 4, de la loi de 1837.

ART. 124. — Aucune action judiciaire autre que les actions possessoires ne peut, à peine de nullité, être intentée contre une commune qu'autant que le demandeur a préalablement adressé au préfet ou au sous-préfet un mémoire exposant l'objet et les motifs de sa réclamation. Il lui en est donné récépissé.

L'action ne peut être portée devant les tribunaux que deux mois après la date du récépissé, sans préjudice des actes conservatoires.

La présentation du mémoire interrompt toute prescription ou déchéance, si elle est suivie d'une demande en justice dans le délai de trois mois.

Cet article reproduit l'article 55 de la loi du 10 août 1871, relative aux conseils généraux.

Art. 125. — Le préfet ou sous-préfet adresse immédiatement le mémoire au maire, avec l'invitation de convoquer le conseil municipal dans le plus bref délai, pour en délibérer.

La délibération du conseil municipal est transmise au conseil de préfecture, qui décide si la commune doit être autorisée à ester en justice.

La décision du conseil de préfecture doit être rendue dans le délai de deux mois à dater du dépôt du mémoire.

Art. 126. — Toute décision du conseil de préfecture portant refus d'autorisation doit être motivée.

La commune, la section de commune ou le contribuable auquel l'autorisation a été refusée, peut se pourvoir devant le conseil d'Etat.

Le pourvoi est introduit et jugé en la forme administrative. Il doit, à peine de déchéance, être formé dans le délai de deux mois, à dater de la notification de l'arrêté du conseil de préfecture.

Il doit être statué sur le pourvoi dans le délai de deux mois à partir du jour de son enregistrement au secrétariat général du conseil d'Etat.

Art. 127. — En cas de pourvoi de la commune ou section contre la décision du conseil de préfecture, le demandeur peut néanmoins introduire l'action; mais l'instance est suspendue jusqu'à ce qu'il ait été statué par le conseil d'Etat, ou jusqu'à l'expiration du délai dans lequel le conseil doit statuer. A défaut de décision rendue dans les délais ci-dessus impartis, la commune est autorisée à ester en justice. Mais, en cas d'appel ou de pourvoi en cassation, il doit être procédé comme il est dit à l'article 121.

Les articles 126 et 127 reproduisent les articles 53 et 54 de la loi de 1837. Mais l'avant-dernière phrase de l'article 127 constitue une importante amélioration, en fixant le délai dans lequel le conseil d'Etat doit statuer.

Art. 128. — Lorsqu'une section se propose d'intenter ou de soutenir une action judiciaire, soit contre la commune dont elle dépend, soit contre une autre section de la même commune, il est formé, pour la section et pour chacune des sections intéressées, une commission syndicale distincte.

Art. 129. — Les membres de la commission syndicale sont choisis parmi les éligibles de la commune et nommés par les électeurs de la section qui l'habitent et par les personnes qui, sans être portées sur la liste électorale, y sont propriétaires fonciers.

Le préfet est tenu de convoquer les électeurs dans le délai d'un mois, pour nommer une commission syndicale, toutes les fois qu'un tiers des habitants ou propriétaires de la section lui adresse à cet effet une demande motivée sur l'existence d'un droit litigieux à exercer au profit de la section contre la commune ou une autre section de la commune.

Le nombre des membres de la commission est fixé par l'arrêté qui convoque les électeurs.

Ils élisent parmi eux un président chargé de suivre l'action.

Les articles 128 et 129 reproduisent en grande partie les dispositions des articles 56 et 57 de la loi du 18 juillet 1837 ; mais l'article 129 enlève au préfet le droit de nommer les membres de la commission syndicale pour le donner à ceux qui sont électeurs ou propriétaires fonciers dans la section.

Art. 130. — Lorsque le Conseil municipal se trouve réduit à moins du tiers de ses membres, par suite de l'abstention prescrite par l'article 64, des conseillers municipaux qui sont intéressés à la jouissance des biens et droits revendiqués par une section, le préfet convoque les électeurs de la commune, déduction faite de ceux qui habitent ou sont propriétaires sur le territoire de la section, à l'effet d'élire ceux d'entre eux qui doivent prendre part aux délibérations aux lieux et places des conseillers municipaux obligés de s'abstenir.

Aux termes de l'article 56 de la loi de 1837, que cet article remplace les conseillers municipaux intéressés étaient toujours remplacés par des électeurs municipaux désignés par le préfet. Désormais ils ne le seront que si, par suite de leur abstention obligatoire, le Conseil se trouve réduit à moins du tiers de ses membres, et le choix de leurs remplaçants appartient aux électeurs. Il importe de remarquer que cet article ne s'applique qu'au cas pour lequel il a été fait; c'est-à-dire au cas de litige entre une commune et la section, et non à toutes les autres matières dont le conseil peut avoir à s'occuper

Art. 131. — La section qui a obtenu une condamnation contre la commune ou une autre section n'est point passible des charges ou contributions imposées pour l'acquittement des frais et dommages-intérêts qui résultent du procès.

Il en est de même à l'égard de toute partie qui plaide contre une commune ou une section de commune.

CHAPITRE III

Du budget communal.

Section première

RECETTES ET DÉPENSES.

Art. 132. — Le budget communal se divise en budget ordinaire et en budget extraordinaire.

On désigne sous le nom de budget l'état aussi exact que possible des sommes auxquelles s'élèveront, du 1er janvier au 31 décembre, les recettes et les dépenses de la commune.

Art. 133. — Les recettes du budget ordinaire se composent :

1° Des revenus de tous les biens dont les habitants n'ont pas la jouissance en nature;

2° Des cotisations imposées annuellement sur les ayants droit aux fruits qui se perçoivent en nature;

3° Du produit des centimes ordinaires et spéciaux affectés aux communes par les lois de finances;

4° Du produit de la portion accordée aux communes dans certains des impôts et droits perçus pour le compte de l'Etat..

5° Du produit des octrois municipaux affectés aux dépenses ordinaires;

6° Du produit des droits de places perçus dans les halles, foires, marchés, abattoirs, d'après les tarifs dûment établis;

7° Du produit des permis de stationnement et de location sur la voie publique, sur les rivières, ports et quais fluviaux et autres lieux publiques.

8° Du produit des péages communaux, des droits de pesage, mesurage et jaugeage, des droits de voirie et autres droits légalement établis;

9° Du produit des terrains communaux affectés aux inhumations et de la part revenant aux communes dans le prix des concessions dans les cimetières ;

10° Du produit des concessions d'eau et de l'enlèvement des boues et immondices de la voie publique et autres concessions autorisées pour les services communaux ;

11° Du produit des expéditions des actes administratifs et des actes de l'état civil ;

12° De la portion que les lois accordent aux communes dans les produits des amendes prononcées par les tribunaux de police correctionnelle et de simple police :

13° Du produit de la taxe de balayage dans les communes de France et d'Algérie où elle sera établie, sur leur demande, conformément aux dispositions de la loi du 26 mars 1873, en vertu d'un décret rendu dans la forme des règlements d'administration publique ;

14° Et généralement du produit des contributions, taxes et droits dont la perception est autorisée par les lois dans l'intérêt des communes et de toutes les ressources annuelles et permanentes : en Algérie et dans les colonies, des ressources dont la perception est autorisée par les lois et décrets.

L'établissement des centimes pour insuffisance de revenus est autorisé par arrêté du préfet lorsqu'il s'agit de dépenses obligatoires.

Il est approuvé par décret dans les autres cas.

Le paragraphe 1er comprend le produit des propriétés communales données à loyer et des rentes. Le paragraphe 2 le produit des taxes de paturage et d'affouage. Le paragraphe 3 comprend les cinq centimes additionnels ordinaires et les centimes spéciaux pour l'instruction publique. Le paragraphe 4 la part attribuée à la commune dans l'impôt des patentes, des chevaux et voitures, du prix des permis de chasse, etc., on trouvera sous cet article dans le **Code communal commenté**, le texte et l'explication de toutes les lois auxquelles se réfère le paragraphe 14.

Art. 134. — Les recettes du budget extraordinaire se composent :

1° Des contributions extraordinaires dûment autorisées ;

2° Du prix des biens aliénés ;

3° Des dons et legs ;

4° Du remboursement des capitaux exigibles et des rentes rachetées ;

5° Du produit des coupes extraordinaires de bois ;
6° Du produit des emprunts ;

7° Du produit des taxes ou des surtaxes d'octroi spécialement affectées à des dépenses extraordinaires et à des remboursements d'emprunt;
8° Et de toutes autres recettes accidentelles.

On doit comprendre parmi les recettes accidentelles, les subventions accordées par l'État ou le département à titre de concours pour un travail déterminé.

Art. 135 — Les dépenses du budget ordinaire comprennent les dépenses annuelles et permanentes d'utilité communale.
Les dépenses du budget extraordinaire comprennent les dépenses accidentelles ou temporaires qui sont imputées sur des recettes énumérées à l'article 134 ou sur l'excédent des recettes ordinaires.

Art. 136. — Sont obligatoires pour les communes les dépenses suivantes :
1° L'entretien de l'hôtel de ville, ou, si la commune n'en possède pas, la location d'une maison ou d'une salle pour en tenir lieu;
2° Les frais de bureau et d'impression pour le service de la commune, de conservation des archives communales et du recueil des actes administratifs du département; les frais d'abonnement au *Bulletin des communes* et, pour les communes chefs-lieux de canton, les frais d'abonnement et de conservation du *Bulletin des lois* ;
3° Les frais de recensement de la population; ceux des assemblées électorales qui se tiennent dans les communes et ceux des cartes électorales;
4° Les frais des registres de l'état civil et des livrets de familles et la portion de la table décennale des actes de l'état civil à la charge des communes;
5° Le traitement du receveur municipal, du préposé en chef de l'octroi et les frais de perception;

6° Les traitements et autres frais du personnel de la police municipale et rurale et des gardes des bois de la commune;

7° Les pensions à la charge de la commune, lorsqu'elles ont été régulièrement liquidées et approuvées;

8° Les frais de loyer et de réparation du local de la justice de paix, ainsi que ceux d'achat et d'entretien de son mobilier dans les communes chefs-lieux de canton;

9° Les dépenses relatives à l'instruction pnblique, conformément aux lois;

10° Le contingent assigné à la commune, conformément aux lois, dans la dépense des enfants assistés et des aliénés.

11° L'indemnité de logement aux curés, desservants et ministres des autres cultes salariés par l'Etat, lorsqu'il n'existe pas de bâtiment affecté à leur logement, et lorsque les fabriques ou autres administrations préposées aux cultes ne pourront pourvoir elles-mêmes au payement de cette indemnité.

12° Les grosses réparations aux édifices communaux, sauf lorsqu'ils sont consacrés aux cultes, l'application préalable des revenus et ressources disponibles des fabriques à ces réparations, et sauf l'exécution des lois spéciales concernant les bâtiments affectés à un service militaire.

S'il y a désaccord entre la fabrique et la commune, quand le concours financier de cette dernière est réclamé par la fabrique dans les cas prévus aux paragraphes 11 et 12, il est statué par décret sur les propositions des ministres de l'intérieur et des cultes.

13° La clôture des cimetières, leur entretien et leur translation dans les cas déterminés par les lois et règlements d'administration publique.

14° Les frais d'établissement et de conservation des plans d'alignement et de nivellement;

15° Les frais et dépenses des conseils de prud'hommes pour les communes comprises dans le territoire de leur juridiction et proportionnellement au nombre des électeurs inscrits sur les listes électorales spéciales à l'élection et les menus frais des chambres consultatives des arts et manufactures pour les communes où elles existent.

16° Les prélèvements et contributions établis par les lois sur les biens et revenus communaux;

17° L'acquittement des dettes exigibles ;

18° Les dépenses des chemins vicinaux dans les limites fixées par la loi ;

19° Dans les colonies régies par la présente loi, le traitement du secrétaire et des employés de la mairie ; les contributions assises sur les biens communaux ; les dépenses pour le service de la milice qui ne sont pas à la charge du Trésor ;

20° Les dépenses occasionnées par l'application de l'article 85 de la présente loi, et généralement toutes les dépenses mises à la charge des communes par une disposition de loi.

Le paragraphe 3 impose une nouvelle dépense obligatoire aux communes, celle des cartes électorales, qui n'étaient prescrites par aucune loi, mais que l'usage avait consacrées dans un grand nombre de communes. Le paragraphe 4 impose également une nouvelle dépense, c'est celle des livrets de famille. Ces livrets sont de petits cahiers déjà employés dans quelques villes et sur lesquels le maire inscrit tous les actes de la vie civile. Il est remis par le maire aux époux au moment de la célébration du mariage. On trouvera un modèle de ces livrets dans notre **Code communal commenté**. Le paragraphe 5 comprend tous les frais de perception des revenus communaux. Le paragraphe 6 comprend le traitement du garde-champêtre, mais il importe de remarquer qu'aux termes de l'article 102, les communes ne sont pas obligées d'avoir un garde-champêtre, la dépense n'est donc pas à proprement parler obligatoire, puisqu'il suffit que le Conseil municipal prenne une délibération décidant qu'il n'y aura plus de garde-champêtre pour que cette dépense cesse d'être obligatoire.

Le paragraphe 9° comprend le traitement des instituteurs primaires, des professeurs des collèges communaux, etc. Le contingent de la commune dans la dépense des enfants assistés est fixé chaque année par le conseil général. Il ne peut dépasser le cinquième des dépenses extérieures. Le contingent pour la dépense des aliénés, est également déterminé par le conseil général. Le paragraphe 11 tranche une question controversée, en décidant que la commune ne doit le logement des ministres des cultes, qu'à défaut de ressources suffisantes des fabriques ou autres administrations. Le paragraphe 16 comprend l'impôt foncier et les taxes de main-morte sur les biens de la commune. On ne doit entendre par dettes exigibles que celles qui sont échues et liquides, c'est-à-dire dont le chiffre n'est pas contesté. On trouvera sous cet article les renseignements les plus complets et les plus détaillés dans le **Code communal commenté**.

Il importe de remarquer que cet article ne reproduit pas la disposition comprise dans l'article 30 14° de la loi du 18 juillet 1837, et qui était ainsi conçu : « Sont obligatoires...... 14°. Les secours aux fabriques des églises et autres administrations préposées aux cultes dont les ministres sont salariés par l'Etat en cas d'insuffisance de leurs revenus, justifiée par leurs comptes et budgets. » Cette dépense est donc devenue facultative pour les communes. En ce qui concerne les cultes, la nouvelle loi ne maintient comme dépenses obligatoires, que le logement et les grosses réparations aux édifices quand ces édifices appartiennent à la commune. Encore faut-il, pour que ces dépenses soient obligatoires, que l'insuffisance des revenus des fabriques soit constaté, car c'est aux fabriques qu'elles incombent tout d'abord.

Art. 137. — L'établissement des taxes d'octroi votées par les conseils municipaux, ainsi que les règlements relatifs à leur perception, sont autorisés, par des décrets du Président de la République rendus en conseil d'Etat, après avis du conseil général ou de la commission départementale dans l'intervalle des sessions.

Il en sera de même de toute délibération portant augmentation ou prorogation de taxe pour une période de plus de cinq ans.

Les délibérations concernant :

1° Les modifications aux règlements ou au périmètres existants ;

2° L'assujettissement à la taxe d'objets non encore imposés au tarif local ;

3° L'établissement ou le renouvellement d'une taxe non comprise dans le tarif général ;

4° L'établissement ou le renouvellement d'une taxe excédant le maximum fixé par ledit tarif général.

Doivent être pareillement approuvées par décret du président de la République rendu en conseil d'Etat, après avis du conseil général ou de la commission départementale dans l'intervalle des sessions.

Les surtaxes d'octroi sur les vins, cidres, poirés, hydromels et alcools, au delà des proportions déterminées par les lois spéciales concernant les droits d'entrée du Trésor, ne peuvent être autorisées que par une loi.

Sauf le dernier paragraphe qui est nouveau, cet article reproduit les dispositions de l'article 8 de la loi du 24 juillet 1867, mais il exige l'avis du conseil général conformément à l'article 48, 4° de la loi du 10 août 1871 sur les conseils généraux, et dans l'intervalle des sessions, l'avis de la commission départementale.

ART. 138. — Sont exécutoires, sur l'approbation du préfet, conformément aux dispositions de l'article 69 de la présente loi, mais toutefois après avis du conseil général, ou de la commission départementale dans l'intervalle des sessions, les délibérations prises par les conseils municipaux concernant la suppression ou la diminution des taxes d'octroi.

Sous la législation précédente, un conseil municipal pourrait, d'accord avec le maire, supprimer ou diminuer les taxes d'octroi ; désormais il ne pourra le faire qu'avec l'approbation du préfet.

ART. 139. — Sont exécutoires par elles-mêmes, les délibérations prises par les conseils municipaux prononçant la prorogation ou l'augmentation des taxes d'octroi pour une période de cinq ans au plus, sous la réserve toutefois qu'aucune des taxes ainsi maintenues ou modifiées n'excèdera le maximum déterminé par le tarif général, et ne portera que sur des objets compris dans ce tarif.

Si l'article 138 rend plus difficile la diminution ou la suppression des taxes d'octroi, l'article 139 rend plus facile leur prorogation ou augmentation dans des circonstances déterminées. En effet, l'article 139 ne limite pas à un décime, comme le faisait l'article 9 de la loi du 24 juillet 1867, la faculté d'augmentation accordée aux conseils municipaux. Le tarif général dont il est parlé dans cet article et de l'article 137, est celui du 12 février 1870. Nous ne pouvons le reproduire ici, mais on le trouvera dans le **Code communal commenté**.

ART. 140. — Les taxes particulières dues par les habitants ou propriétaires, en vertu des lois et des usages locaux, sont réparties par une délibération du conseil municipal, approuvées par le préfet.

Ces taxes sont perçues suivant les formes établies pour le recouvrement des contributions publiques.

Cet article n'est que la reproduction de l'article 44 de la loi de 1837. Il s'agit notamment des taxes d'affouage, de pâturage, etc.

ART. 141. — Les conseils municipaux peuvent voter, dans la limite du maximum fixé chaque année par le conseil général, des contributions extraordinaires n'excédant pas cinq centimes pendant cinq années, pour en affecter le produit à des dépenses extraordinaires d'utilité communale.

Ils peuvent aussi voter trois centimes extraordinaires exclusivement affectés aux chemins vicinaux ordinaires, et trois centimes extraordinaires exclusivement affectés aux chemins ruraux reconnus.

Ils votent et règlent les emprunts communaux remboursables sur les centimes extraordinaires votés comme il vient d'être dit au premier paragraphe du présent article, ou sur les ressources ordinaires, quand l'amortissement, en ce dernier cas, ne dépasse pas trente ans.

Maximum fixé chaque année. Le conseil général arrête chaque année, à sa session d'août, dans les limites fixées annuellement par la loi de finances, le minimum du nombre des centimes extraordinaires que les conseils municipaux sont autorisés à voter, pour en affecter le produit à des dépenses extraordinaires d'utilité communale. Si le conseil général se sépare sans l'avoir arrêté, le maximum fixé pour l'année précédente est maintenu jusqu'à la session d'août de l'année suivante. (Art. 42, loi du 10 août 1871, relative aux conseils généraux). *Ils votent et règlent.* Ces délibérations n'ont pas besoin de l'approbation préfectorale, mais elles ne sont exécutoires, comme toutes les autres, que conformément au dernier paragraphe de l'article 68.

Art. 142. — Les conseils municipaux votent, sauf approbation du préfet :

1° Les contributions extraordinaires qui dépasseraient 5 centimes sans excéder le maximum fixé par le conseil général, et dont la durée excédant cinq années, ne serait pas supérieure à trente ans ;

2° Les emprunts remboursables sur les mêmes contributions extraordinaires ou sur les revenus ordinaires dans un délai excédant, pour ce dernier cas, trente ans.

Art. 143. — Toute contribution extraordinaire dépassant le maximum fixé par le conseil général et tout emprunt remboursable sur cette contribution sont autorisés par décret du Président de la République.

Si la contribution est établie pour une durée de plus de trente ans, ou si l'emprunt remboursable sur ressources extraordinaires doit excéder cette durée, le décret est rendu en conseil d'Etat.

Il est statué par une loi si la somme a emprunter dépasse un million ou si, réunie aux chiffres d'autres emprunts non encore remboursés, elle dépasse un million.

Les articles 142 et 143 ne sont que la reproduction des articles 5 et 7 de la loi du 24 juillet 1867. L'article 14 porte de douze à trente ans la durée pendant laquelle peut être imposée, avec la seule approbation préfectorale, une contribution extraordinaire n'excédant pas le maximum fixé par le conseil général.

Art. 144. — Les forêts et les bois de l'Etat acquittent les centimes additionnels ordinaires et extraordinaires affectés aux dépenses des communes dans la même proportion que les propriétés privées.

Cet article sera un véritable bienfait pour certaines communes dont il grossira le budget des recettes. Jusqu'ici, en effet, les forêts et les bois de l'Etat n'acquittaient les centimes communaux que jusqu'à concurrence de la moitié de leur valeur imposable, sauf en ce qui concernait les centimes pour les chemins vicinaux ou les chemins de fer d'intérêt local qu'ils acquittaient au même titre que les propriétés privées.

SECTION DEUX. VOTE ET RÈGLEMENT DU BUDGET

Art. 145. — Le budget de chaque commune est proposé par le maire, voté par le conseil municipal et réglé par le préfet.

Lorsqu'il pourvoit à toutes les dépenses obligatoires, et qu'il n'applique aucune recette extraordinaire aux dépenses soit obligatoires, soit facultatives, ordinaires ou extraordinaires, les allocations portées audit budget, pour les dépenses facultatives, ne peuvent être modifiées par l'autorité supérieure.

Le budget des villes, dont le revenu est de 3 millions de francs au moins, est toujours soumis à l'approbation du Président de la République, sur la proposition du ministre de l'intérieur.

Le revenu d'une ville est réputé atteindre 3 millons de francs lorsque les recettes ordinaires, constatées dans les comptes, se sont élevées à cette somme pendant les trois dernières années.

Il n'est réputé être descendu au-dessous de 3 millions de francs que lorsque, pendant les trois dernières années, les recettes ordinaires sont restées inférieures à cette somme.

En d'autres termes, quand le conseil municipal a pourvu à toutes les dépenses obligatoires avec les recettes ordinaires, il est libre d'employer comme il l'entend le surplus des recettes ordinaires, l'approbation du préfet, dans ce cas, étant de pure forme, puisqu'il ne peut modifier le budget que lorque le conseil fait emploi d'une partie des recettes extraordinaires. Mais, si le préfet refusait son approbation, il y aurait lieu d'appliquer l'article 150, c'est-à-dire que les recettes et dépenses ordinaires continueraient à être faites conformément à celui de l'année précédente.

ART. 146. — Les crédits qui seront reconnus nécessaires après le règlement du budget seront votés et autorisés conformément à l'article précédent.

ART. 147. — Les conseils municipaux peuvent porter au budget un crédit pour les dépenses imprévues.

La somme inscrite pour ce crédit ne peut être réduite ou rejetée qu'autant que les revenus ordinaires, après avoir satisfait à toutes les dépenses obligatoires, ne permettraient pas d'y faire face.

Le crédit pour dépenses imprévues est employé par le maire.

Dans la première session qui suivra l'ordonnancement de chaque dépense, le maire rendra compte au conseil municipal, avec pièces justificatives à l'appui, de l'emploi de ce crédit. Ces pièces demeureront annexées à la délibération.

Les articles 146 et 147 reproduisent en partie les articles 34 et 37 de la loi du 18 juillet 1837. L'article 147 ne limite pas à un dixième des revenus comme le faisait la loi de 1837, le chiffre auquel le conseil municipal peut fixer définitivement le credit pour dépenses imprévues. En outre, cet article dispense le maire d'obtenir l'approbation préfectorale pour l'emploi de ce crédit.

ART. 148. — Le décret du Président de la République ou l'arrêté du préfet qui règle le budget d'une commune, peut rejeter ou réduire les dépenses qui y sont portées, sauf dans les cas prévus par le paragraphe 2 de l'article 145 et par le paragraphe 2 de l'article 147; mais il ne peut les augmenter ni en introduire de nouvelles qu'autant qu'elles sont obligatoires.

ART. 149. — Si un conseil municipal n'allouait pas les fonds exigés par une dépense obligatoire, ou n'allouait qu'une somme insuffisante, l'allocation serait inscrite au budget, par décret du Président de la République, pour les communes dont le revenu est de 3 millions et au-dessus, et par arrêté du préfet en conseil de préfecture pour celles dont le revenu est inférieur.

Aucune inscription d'office ne peut être opérée sans que le conseil municipal ait été, au préalable, appelé à prendre une délibération spéciale à ce sujet.

S'il s'agit d'une dépense annuelle et variable, le chiffre en est fixé sur sa quotité moyenne pendant les trois dernières années.

S'il s'agit d'une dépense annuelle et fixe de sa nature ou d'une dépense extraordinaire, elle est inscrite pour sa quotité réelle.

Si les ressources de la commune sont insuffisantes pour subvenir aux dépenses obligatoires inscrites d'office en vertu du présent article, il y est pourvu par le conseil municipal, ou, en cas de refus de sa part, au moyen d'une contribution extraordinaire établie d'office par un décret, si la contribution extraordinaire n'excède pas le maximum à fixer annuellement par la loi des finances, et par une loi spéciale si la contribution doit excéder ce maximum.

Art. 150. — Dans le cas où, pour une cause quelconque, le budget d'une commune n'aurait pas été définitivement réglé avant le commencement de l'exercice, les recettes et les dépenses ordinaires continuent, jusqu'à l'approbation de ce budget, à être faites conformément à celui de l'année précédente. Dans le cas où il n'y aurait eu aucun budget antérieurement voté, le budget serait établi par le préfet, en conseil de préfecture.

Les articles 148, 149 et 150, ne font que reproduire les articles 36 de la loi de 1837, modifié par l'article 2 de la loi du 24 juillet 1867, 38, 39 et 35 de la loi de 1837.

Art. 151. — Les comptes du maire, pour l'exercice clos, sont présentés au conseil municipal avant la délibération du budget.

Ils sont définitivement approuvés par le préfet.

Le compte du maire doit présenter, par colonne distincte, et dans l'ordre des chapitres et des articles du budget : En recette, 1° la nature des recettes, 2° les évaluations du budget, 3° la fixation définitive des sommes à recouvrer d'après les titres justificatifs, 4° les sommes recouvrées pendant la première année de l'exercice, et pendant les trois premiers mois de la seconde année, 5° les sommes restant à recouvrer, à reporter au budget de l'exercice suivant. En dépense : 1° Les articles de dépense du budget, 2° le montant des crédits, 3° le montant des sommes payées sur ces crédits, soit dans la première année, soit dans les trois premiers mois de la deuxième ; 4° les restes à payer, à reporter au budget de l'exercice suivant ; 5° les crédits ou portions de crédits à annuler, faute d'emploi dans les délais prescrits. Le maire joint d'ailleurs à ce compte les développements et explications nécessaires pour éclairer le conseil municipal ainsi que l'autorité supérieure, et leur permettre d'apprécier ses actes administratifs pendant l'exercice qui vient de se terminer. On trouvera le texte et le commentaire des articles 484 à 511 du décret du 31 mai 1862, sur la comptabilité des communes dans le **Code communal commenté.**

Art. 152. — Le maire peut seul délivrer des mandats. S'il refusait d'ordonnancer une dépense régulièrement autorisée et liquide, il serait prononcé par le préfet en conseil de préfecture, et l'arrêté du préfet tiendrait lieu du mandat du maire.

Les mandats doivent énoncer l'exercice et le crédit auxquels ils s'appliquent. Ils ne doivent être délivrés qu'au profit et au nom des créanciers directs de la commune.

Art. 153. — Les recettes et dépenses communales s'effectuent par un comptable, chargé seul et sous sa responsabilité de poursuivre la rentrée de tous revenus de la commune et de toutes sommes qui lui seraient dues, ainsi que d'acquitter les dépenses ordonnancées par le maire, jusqu'à concurrence des crédits régulièrement accordés.

Tous les rôles de taxe, de sous-répartitions et de prestations locales doivent être remis à ce comptable.

On doit remettre en outre au receveur municipal, une expédition de tous les baux, contrats, jugements et autres actes concernant les revenus dont la perception lui est confiée.

Art. 154. — Toutes les recettes municipales pour lesquelles les lois et règlements n'ont pas prescrit un mode spécial de recouvrement s'effectuent sur les états dressés par le maire. Ces états sont exécutoires après qu'ils ont été visés par le préfet ou le sous-préfet.

Les oppositions, lorsque la matière est de la compétence des tribunaux ordinaires, sont jugées comme affaires sommaires, et la commune peut y défendre sans autorisation du conseil de préfecture.

Si la créance à recouvrer était déjà constatée par un titre exécutoire tel qu'un jugement ou un acte notarié, le maire n'aurait pas à dresser d'état : la poursuite se ferait en vertu de l'acte même.

Art. 155. — Toute personne autre que le receveur municipal, qui, sans autorisation légale, se serait ingérée dans le maniement des deniers de la commune, sera, par ce seul fait, constituée comptable et pourra, en outre, être poursuivie en vertu du code pénal, comme s'étant immiscée sans titre dans des fonctions publiques.

Constituée comptable. C'est-à-dire qu'elle devient justiciable de la cour des comptes pour les actes de gestion qu'elle aura accomplis.

Art. 156. — Le percepteur remplit les fonctions de receveur municipal.

Néanmoins, dans les communes dont les revenus ordinaires excèdent 30,000 francs, ces fonctions peuvent être confiées, sur la demande du conseil municipal, à un receveur municipal spécial.

Ce receveur spécial est nommé sur une liste de trois noms présentée par le conseil municipal.

Il est nommé par le préfet dans les communes dont le revenu ne dépasse pas 300,000 francs, et par le Président de la République, sur la proposition du ministre des finances, dans les communes dont le revenu est supérieur.

En cas de refus, le conseil municipal doit faire de nouvelles présentations.

En cas de refus. C'est-à-dire si le préfet ou le Président de la République n'acceptait aucun des trois candidats proposés par le conseil.

Art. 157. — Les comptes du receveur municipal sont apurés par le conseil de préfecture, sauf recours à la cour des comptes pour les communes dont les revenus ordinaires, dans les trois dernières années, n'excèdent pas 30,000 francs.

Ils sont apurés et définitivement réglés par la cour des comptes pour les communes dont le revenu est supérieur.

Ces distinctions sont applicables aux comptes des trésoriers des hôpitaux et autres établissements de bienfaisance.

Art. 158. — La responsabilité des receveurs municipaux et les formes de la comptabilité des communes sont déterminées par des règlements d'administration publique.

Les receveurs municipaux sont assujettis, pour l'exécution de ces règlements, à la surveillance des receveurs des finances.

Dans les communes où les fonctions de receveur municipal et de percepteur sont réunies, la gestion du comptable est placée sous la responsabilité du receveur des finances, d'après les conditions déterminées par un réglement d'administration publique.

Par des réglements d'administration publique, il s'agit notamment de l'instruction générale du ministère des finances du 10 juin 1859, et du décret du 31 mai 1862. On trouvera dans le **Code communal commenté** les parties de ces importants documents qui ont trait à la comptabilité des communes.

Art. 159. — Les comptables qui n'ont pas présenté leurs comptes dans les délais prescrits par les réglements peuvent être condamnés, par l'autorité chargée de juger lesdits comptes, à une amende de 10 fr. à 100 fr., par chaque mois de retard pour les receveurs et trésoriers justifiables des conseils de préfecture, et de 50 à 500 fr., également par mois de retard, pour ceux qui sont justiciables de la cour des comptes.

Ces amendes sont attribuées aux communes ou établissements que concernent les comptes en retard.

Elles sont assimilées, quant au mode de recouvrement et de poursuites, aux débets de comptables des deniers de l'Etat et la remise n'en peut être accordée que d'après les mêmes règles.

Les articles 151 à 159 ne font que reproduire les dispositions des articles 60 à 63 de la loi du 18 juillet 1837.

Art. 160. — Les budgets et les comptes des communes restent déposés à la mairie ; ils sont rendus publics dans les communes dont le revenu est de 100,000 francs et au-dessus, et dans les autres quand le conseil municipal a voté la dépense de l'impression.

On a vu, sous (art. 58), que tout habitant ou contribuable a le droit de prendre copie des budgets et comptes de la commune et de les publier.

TITRE V

Des biens et droits indivis entre plusieurs communes

Art. 161. — Lorsque plusieurs communes possèdent des biens ou des droits indivis, un décret du Président de la République instituera, si l'une d'elles le réclame, une commission syndicale composée de délégués des conseils municipaux des communes intéressées.

Chacun des conseils élira dans son sein, au scrutin secret, le nombre de délégués qui aura été déterminé par le décret du Président de la République.

La commission syndicale sera présidée par un syndic élu par les délégués et pris parmi eux. Elle sera renouvelée après chaque renouvellement des conseils municipaux.

Les délibérations sont soumises à toutes les règles établies pour les délibérations des conseils municipaux.

Cet article ne fait que reproduire les dispositions des articles 70 et 71, paragraphe premier, de la loi du 18 juillet 1837, mais il enlève au préfet le droit de nommer le syndic pour l'attribuer à la commission elle-même.

Art. 162. — Les attributions de la commission syndicale et de son président comprennent l'administration des biens et droits indivis et l'exécution des travaux qui s'y rattachent.

Ces attributions sont les mêmes que celles des conseils municipaux et des maires en pareille matière.

Mais les ventes, échanges, partages, acquisitions, transactions, demeurent réservés aux conseils municipaux, qui pourront autoriser le président de la commission à passer les actes qui y sont relatifs.

L'exécution des travaux qui s'y rattachent. Une commission syndicale ne pourrait donc être formée pour l'exécution de travaux spéciaux ne se rattachant pas à des biens indivis, par exemple pour la construction d'un hôpital commun, d'une école commune d'enseignement primaire supérieure. Le texte voté par la Chambre permettait de le faire, mais le Sénat y a substitué celui ci-dessus, qui ne le permet pas. Mais aux termes de l'article 116, paragraphe 2, deux ou plusieurs conseils municipaux peuvent faire des conventions à l'effet d'entreprendre ou de conserver, à frais communs, des ouvrages ou des institutions d'utilité commune.

Art. 163. — La répartition des dépenses votées par la commission syndicale est faite entre les communes intéressées par les conseils municipaux.

Leurs délibérations seront soumises à l'approbation du préfet.

En cas de désaccord entre les conseils municipaux, le préfet prononcera sur l'avis du conseil général ou, dans l'intervalle des sessions, de la commission départementale. Si les conseils municipaux appartiennent à des départements différents, il sera statué par décret.

La part de la dépense définitivement assignée à chaque

commune sera porté d'office aux budgets respectifs, conformément à l'article 149 de la présente loi.

Leurs délibérations. Les termes généraux employés par le législateur doivent faire décider que toutes les délibérations de cette nature doivent être soumises à l'approbation du préfet, et non pas seulement celles portant sur les matières énumérées à l'article 68. Mais ces mots s'appliquent aux délibérations dont il est parlé dans le paragraphe premier de l'article 163 et non pas à toutes les délibérations des commissions syndicales, lesquelles demeurent soumises aux règles concernant les délibérations des conseils municipaux. *Conformément à l'article 149.* En d'autres termes cette dépense sera obligatoire.

TITRE VI

DISPOSITIONS RELATIVES A L'ALGÉRIE ET AUX COLONIES.

Art. 164. — La présente loi est applicable aux communes de plein exercice de l'Algérie, sous réserves des dispositions actuellement en vigueur concernant la constitution de la propriété communale, les formes et conditions des acquisitions, échanges, aliénations et partages, et sous réserve des dispositions concernant la représentation des musulmans indigènes.

Par dérogation aux articles 5 et 6 de la présente loi, les érections de communes, les changements projetés à la circonscription territoriale des communes, quand ils devront avoir pour effet de modifier les limites d'un arrondissement, seront décidés par décret pris après avis du conseil général.

Par dérogation à l'article 74, les conseils municipaux peuvent allouer aux maires des indemnités de fonctions, sauf approbation du gouverneur général.

Art. 165. — La présente loi est également applicable aux colonies de la Martinique, de la Guadeloupe et de la Réunion, sous les réserves suivantes :

Un arrêté du gouverneur en conseil privé tiendra lieu du décret du Président de la République, dans les cas prévus aux articles 110, 145, 148 et 149.

Les attributions dévolues au ministre de l'intérieur par les articles 40, 69 et 120; au ministre des cultes par l'article 100, et au ministre des finances par l'article 156 de la présente loi, sont conférées au ministre de la marine et des colonies.

Les attributions conférées au ministre de l'intérieur et aux préfets par les articles 4, 13, 15, 36, 40, paragraphe 4; 46, paragraphe 2; 47, 48, 60, paragraphe 1; 65, 66, 67, 69, 70, 85, 95, paragraphes 2 et 4; 98, paragraphe 4; 100, 111, 112, 113, 114, 115, 116, 117, 118, 119, 124, 129, 130, 133, paragraphe 15; 140, 142, 145, paragraphe 1er; 146, 148, 149, 150. 151, 152 et 156 de la présente loi sont dévolues au gouverneur,

Les attributions dévolues aux préfets et aux sous-préfets par les articles 12, 29, 37, 38, 40, paragraphes 1, 2 et 3; 49 paragraphe 3; 52, 57, 60, paragraphe 2; 61, 62, 78, 88, 93, 95, paragraphes 1 et 3; 102, 103, 125 et 154 sont remplies par le directeur de l'intérieur.

Les attributions conférées aux conseils de préfecture par les articles 36, 37, 38, 39, 40 et 60 sont dévolues au conseil du contentieux administratif.

Les attributions dévolues aux conseils de préfecture par les articles 65, 66, 111, 121, 123, 125, 126, 127, 152, 154, 157 et 159 sont conférées au conseil privé.

Les attributions dévolues à la cour des comptes par les articles 157, paragraphe 2, et 159, sont conférées au conseil privé, sauf recours à la cour des comptes.

Les recours au conseil d'Etat formés par l'administration contre les décisions du conseil du contentieux administratif sont transmis par le gouverneur au ministre de la marine et des colonies, qui en saisit le conseil d'Etat.

Les dispositions du décret du 12 décembre 1882 sur le régime financier des colonies restent applicables à la comptabilité communale en tout ce qui n'est pas contraire à la présente loi.

Art. 166 — Les dispositions de la présente loi relatives aux octrois municipaux ne sont pas applicables à l'octroi de mer, qui reste assujetti aux réglements en vigueur en Algérie et dans les colonies.

TITRE VII.

DISPOSITIONS GÉNÉRALES.

Art. 167. — Les conseils municipaux pourront prononcer la désaffectation totale ou partielle d'immeubles consacrés, en dehors des prescriptions de la loi organique des cultes du 18 germinal an X, et des dispositions relatives au culte israélite, soit aux cultes, soit à des services religieux ou à des établissements quelconques, ecclésiastiques et civils.

Ces désaffectations seront prononcées dans la même forme que les affectations.

En dehors des prescriptions de la loi. Aux termes de l'article 60 de la loi du 18 germinal an X, il doit y avoir au moins une église dans chaque justice de paix; par conséquent, si le texte de l'article 167 devait être entendu dans le sens étroit des mots, toutes les églises en plus de ce nombre pourraient être désaffectées. Mais il résulte de la discussion du Sénat que les églises paroissiales actuellement existantes doivent être considérées comme affectées conformément aux prescriptions de la loi organique des cultes, c'est-à-dire du concordat. En conséquence, cet article n'aura d'utilité que pour quelques immeubles affectés par les communes à des petits séminaires, à des maîtrises ou autres institutions de même nature. Avant de prononcer une désaffectation le conseil devra peser les conséquences pécuniaires qui pourraient en résulter pour la commune. L'article 167, en effet, ne porte pas atteinte aux droits des tiers si l'affectation a été le résultat d'un contrat onéreux.

Art. 168. — Sont abrogés:

1° Le titre XI, article 3, de la loi des 16 et 24 août 1790;

2° Les articles 1, 2, 3 et 5 de la loi du 20 messidor an III

3° Les titres I, IV et V de la loi du 10 vendémiaire an IV

4° La loi du 29 vendémiaire an V, la loi du 17 vendémiaire an X, l'arrêté du 21 frimaire an XII;

5° Les articles 36, n° 4; 39, 49, 92 à 103, du décret du 30 décembre 1809, la loi du 14 février 1810;

6° La loi du 18 juillet 1837;

7° L'ordonnance du 18 décembre 1838;

8° L'ordonnance du 15 juillet 1840;

9° L'ordonnance du 7 août 1842;

10° La loi du 19 juin 1851, à l'exception de l'article 5;

11° Le décret des 4-11 septembre 1851;

12° L'article 5, nos 13 et 21 du décret du 25 mars 1852;

13° La loi du 5 mai 1855;

14° Le décret du 13 avril 1861, tableau A, nos 42, 48, 50 51, 56, 59;

15° La loi du 24 juillet 1867, à l'exception de la disposition de l'article 9, relative à l'établissement du tarif général et de l'article 17, lequel reste en vigueur provisoirement, mais seulement en ce qui concerne la ville de Paris.

16° La loi du 22 juillet 1870;

17° Les articles 1, 2, 3, 4, 5, 6, 8, 9, 18, 19, 20, de la loi du 14 avril 1871, le paragraphe 25 de l'article 46 et le paragraphe 4 de l'article 48 de la loi du 10 août 1871;

18° La loi du 4 avril 1873;

19° La loi du 20 janvier 1874;

20° La loi du 12 août 1876;

21° La loi du 21 avril 1881;

22° La loi du 28 mars 1882;

Sont abrogés également pour les colonies, en ce qu'ils ont de contraire à la présente loi:

23° Le décret colonial du 12 juin 1827 (Martinique):

24° Le décret colonial du 20 septembre 1837 (Guadeloupe);

25° L'arrêté du 12 novembre 1849 (Réunion);

26° Le décret du 29 juin 1882 (Saint-Barthélemy);

27° L'article 116 du décret du 20 novembre 1882 sur le régime financier des colonies pour les colonies soumises à la présente loi;

28° Et, en outre, toutes dispositions contraires à la présente loi, sauf celles qui concernent la ville de Paris.

DISPOSITION TRANSITOIRE.

Les sectionnements votés par les conseils généraux, dans leur session du mois d'août 1883, recevront leur application dans toutes les communes qui en ont été l'objet, à l'occasion des élections municipales du 4 mai 1884.

TABLE ANALYTIQUE

(Les numéros renvoient aux articles et non pas aux pages

A

B

C

D

E

F

G

H

I

L

M

O

P

R

S

T

V

MAISON DERVEAUX

FONDÉE EN 1855

LIBRAIRE-ÉDITEUR

32, RUE D'ANGOULÊME-DU-TEMPLE, 32

(La Maison ne reçoit pas de Timbres-poste.)

COMMISSION. — EXPORTATION

EXTRAIT DU CATALOGUE

ANCOURT (EDW.). — Le 14 *octobre* 1877, souvenir des élections de 1877. Une grande et belle lithographie de 45 sur 64. Prix.. 1 50

— *Portrait de Gambetta,* une belle lithographie; largeur, 42 c.; hauteur, 32. Prix........................ 1 25

ANDRIEUX (LÉON). — *Souvenirs politiques,* 1 vol. in-18 jésus. Prix.. 1 fr.

ALLARY (CAMILLE). — *Les Amours buissonnières,* second volume de la *Bibliothèque naturaliste.* 1 vol. in-18 jésus, augmenté d'une eau-forte par Ernest Pichio, l'auteur des deux célèbres tableaux de *la Mort de Baudin* et le *Triomphe de l'Ordre.* Prix........................ 3 50

— *Le Péché du père Blaise, la première capture — la Boiteuse — Vente après décès — le Maestro d'Orvettio — le Bourdon bleu — Perlita — les Fleurs amoureuses — la Meunière — Fille d'or,* 1 vol. in-18 jésus avec gravure. Prix.. 3 50

AVIS A TOUS LES PATRONS, loi concernant le travail des enfants et des filles mineures dans les manufactures. Une affiche placard. Prix........................ 0 25

L'article 2 de ladite loi dit formellement que tous les patrons ou chefs d'industrie sont tenus d'afficher ladite loi dans leur atelier.

BAUDOUIN. — *La Voix du peuple.* 1 brochure in-18 jésus. Prix.. 0 10

BLANC (LOUIS). — *Le Centenaire de J.-J. Rousseau* (fête oratoire présidée par). Une jolie brochure in-18 contenant tous les discours qui ont été prononcés à cette réunion par Louis Blanc, Ernest Hamel, général Wimpffen, etc. Prix.. 0 60

BLANCHET (PAUL), ex-commis au télégraphe gradué en Droit. Notions très succinctes de droit public à l'usage de tous; constitution, administration centrale, départementale, communale, — impôts directs et indirects, — expropriation, — voirie, — séparation des pouvoirs, etc. etc. Une forte brochure avec couverture. Prix........... 0 50

BRAISNE (Henri de). — *Léo*, roman naturaliste émouvant, 1 vol. in-18 jésus. Prix........................... 3 50
(Ouvrage faisant pendant à *Mademoiselle Giraud, ma femme*, par A Belot).

BRISSAC (Henri). *Souvenirs de prisons et de bagne*, relations de huit années de bagne subies après la Commune de 1871. 1 vol. in-18 jésus. Prix........................ 0 60

BRUNO (Jean). — *La Débauche*, roman parisien à sensation, complètement inédit. Un vol. in-18 jésus. de plus 500 pages. Prix... 3 50

CASTELAR (Emilio). — *Préface* pour servir à l'*Histoire d'un crime*, de Victor Hugo, traduction de Camille Farcy, rédacteur du journal *la France*. Une brochure même format que l'ouvrage de Victor Hugo, indispensable à tous les lecteurs de l'*Histoire d'un crime*. Prix.............. 0 40

CLAMENT (Clément). — *Biographie de Sarah Bernhardt*, élégante petite brochure, augmentée d'une eau-forte hors texte par Ingomard. Prix........................ 0 75

DUVAL (Georges). — *La Morte galante*, roman inédit. 1 beau vol. in-18 jésus. Prix.................... 3 50

EMANCIPATION (l'). — Collection complète du journal organe du parti ouvrier, fondé par Benoît Malon et rédigé par Paul Brousse, J. Brugnot, Gabriel Deville, Jules Guesde et Benoît Malon. Prix de la collection complète, franco. 1 50

ENGELS (Frédéric), député socialiste allemand. — Socialisme utopique et socialisme scientifique traduction française par Paul Lafargue, 1 brochure in-8. Prix..... 0 50

La guerre des paysans en Allemagne (XVIe siècle) 1 vol. in-18 jésus. Prix.. 1 fr.

GAUTIER (Emile). — *Le Darwinisme social*, étude de philosophie sociale. 1 vol. in-18 jésus. Prix............ 1 fr.

— *Propos anarchistes*, série de brochures in-18 jésus. Prix 25 centimes. 1re *le Parlementarisme*, 2e, intitulée : *les Endormeurs, les heures de travail* ; 3e, *les Endormeurs, Libertés politiques*.

GROSKOST. — *Gustave Courbet*, souvenirs intimes. 1 vol. in-18 jésus, illustré de dessins originaux par C. Pata, Boissy, Karl Cartier, G. Bigot, etc. Prix............ 3 50

HENNIQUE (Léon). — *Les Hauts faits de M. de Ponthau*. 1 beau et fort vol. in-8, édition de luxe, illustrée de fusains originaux par Benjamin Constant, Gervex, Ingomard, etc. Prix.. 6 fr.

Il a été tiré des exemplaires avant la lettre comme suit : 1 exemplaire sur vélin, 1 exemplaire sur Japon, non mis dans le commerce; 10 exemplaires sur papier Watmann. Prix 20 fr. 20 exemplaires sur papier de Hollande teinté..... 15 f.

Nota. — Il n'a été tiré des gravures avant la lettre que pour les exemplaires de luxe.

HUYSMANS (J.-K.). — *Marthe*, histoire d'une fille. 1 vol. in 18 jésus augmenté d'un avant-propos, imprimé en elzévir. Il est en outre accompagné d'une eau-forte impressionniste par J.-L. Forain et d'une curieuse préface. Prix.... 3 50

JUX D'UZELLES, (J.-B. DE LA). — *De l'incorporation et du mariage des prêtres*, de leur rôle dans la société comme soldats et comme pères de famille. Brochure avec couverture.. 0 2[illegible]

— *Mademoiselle de Charmency*, roman parisien. C[illegible] palpitant porte comme sous-titre: Histoire d'[illegible] mort; il est en outre augmenté du portrait de [illegible] dessiné par l'auteur. Prix du volume format in-1[illegible] [illegible]s. Prix.. 1 5[illegible]

— *M. Thiers et le 16 mai devant la France et devant l'histoire*. 1 brochure in-18. Prix franco.............. 0 2[illegible]

LASSALLE. — *Capital et travail*, traduction française par Benoît Malon, 1 vol. in-18 jésus Prix.............. 2 fr.

LOISEAU-ROUSSEAU (P.). — *Les théâtres de Paris*, 35 splendides eaux-fortes, par P. Loiseau-Rousseau. Le tirage de ces eaux-fortes a été limité à 75 exemplaires; il n'en reste que très peu au prix de........................ 20 f.

Ces exemplaires sont en outre garantis par un élégant carton doré.

RAVENEL (Alphonse). — *Les Enfants* (étude). 1 vol. in-8 Prix.. 1 50

— *Souvenirs de Champigny*, 1 vol. in-8. Prix......... 2 f.

Ouvrage honoré tout récemment d'une médaille d'honneur par la Société d'encouragement au bien.

ROD (Edouard). — *Les Allemands à Paris*, roman inédit. 1 fort vol. in-18 jésus. Prix........................ 3 50

LA REVUE RÉALISTE, dirigée par Vast-Ricouard. — Collection complète. Prix................................ 20 f.

Principaux articles contenus dans cette *Revue* :

Notre programme, par la Rédaction.
Chronique parisienne, par Vast-Ricouard.
Le Monsieur de Lolotte, roman réaliste par Gabrielle Lafaille.
Tableaux réalistes: la Fille assassinée, par Maurice Montégut.
Silhouettes comtemporaines : les Hanlon-Lees, par Paul Ginesty.
De la Peste noire, par le docteur Bergeron.
Racontars du Palais, par Maître Petit-Claud.
Un Misérable, par Mauris Montégut.
La Littérature cléricale, *Molière corrigé*, par Paul Ginesty.
Excursions polaires, par Henri Vast.
Polémique littéraire, par Edouard Rod.
Quelques vers, en réponse à beaucoup de prose contre la *Revue Réaliste*, par Maurice Montégut.
Thomas Holden et ses fantoches, biographie par Paul Ginesty.
Gustave Courbet, biographie par Groskost.
Les réalités de la science, par Pierre Giffard.
Mouvement réaliste à l'étranger, par Edouard Rod.
A propos des Annales du Théâtre, par Emile Zola.

La mort du Bourreau, par Maurice Montégut.
De la morale dans le réalisme, par Edouard Rod.
Mouvement réaliste à l'étranger, par Louis Livet.
Histoire du Réalisme, par G. Depré.
La Fête des Moissonneurs, par Sacher-Masoch (le maître du réalisme en Allemagne).
Lettres de la Nouvelle-Calédonie, par un Déporté.
Un Réaliste au petit fer, par Pierre Giffard.
Le réalisme dans la finance, par Hector Scazon.
Lettre de la jeunesse à Emile Zola, par la Rédaction.
Le Salon, par Charles Grandmougin.
Edmond de Goncourt, par Edouard Rod.
La tête de Pierre Zaccone, par Vast Ricouard.
La Petite de chez Lucien, (Nouvelle), par Pierre Giffard.

Il ne reste plus de cette collection que dix exemplaires au prix de 20 fr.

SCHAEFFLE — *La Quintessence du Socialisme*, traduction française, par B. Malon. Prix........................ 1 fr.

VAST RICOUARD. — *Les Vices parisiens*, 1re partie *Claire Aubertin*, édition définitive revue et corrigée par l'auteur. Roman réaliste 1 fort vol. beau papier enrichi des principaux types et scènes des trois parties des *Vices parisiens*, dessiné par Edw. Ancourt. — 2e partie, *Madame Bécart*, 12e édition augmentée d'une préface, par Emile Zola, 1 fort vol. Prix.. 3 50

— 3e partie, *Le Tripot*, 10e édition, 1 vol. Prix........ 3 50

VALLES (Jules). — Préface du *Nouveau parti*, par Benoît Malon. 1 vol. in-18 jésus. Prix...................... 1 50

BIBLIOTHÈQUE INDISPENSABLE.

TOME I. — **Les Lois constitutionnelles** qui régissent actuellement le gouvernement de la République française. Ouvrage illustré des armes de la République, des nouveaux drapeaux et d'un buste de la République. Les *Lois constitutionnelles* renferment les lois suivantes : Lois relatives à l'organisation des pouvoirs publics. Lois relatives à l'organisation du Sénat. Lois constitutionnelles sur les rapports des pouvoirs publics. Lois organiques sur les élections des sénateurs et sur l'élection des députés. Prix........ 0 60

TOME II. — **Notions très succinctes de Droit public**, à l'usage de tous. Constitution. — Administration centrale, départementale, communale. — Impôts directs et indirects — Expropriation. — Voirie. — Séparation des pouvoirs, etc., par Paul Blanchet, commis des télégraphes. Un vol. in-18 jésus. Prix.. 0 60

TOME III. — **Le guide des maîtres et des domestiques**, par Henri Buguet. D'après les meilleurs ouvrages et conforme aux renseignements puisés aux Justices de Paix. Prix.. 1 fr.

PETITE BIBLIOTHÈQUE POPULAIRE

DROIT
SCIENCES
ÉCONOMIE POLITIQUE

à 60 cent. le volume
VOLUMES GRAND IN-32

HISTOIRE
LITTÉRATURE
ÉCONOMIE DOMESTIQUE

Les volumes de la **PETITE BIBLIOTHÈQUE POPULAIRE** se trouvent dans toutes les librairies. On peut les recevoir *franco*, en France et dans les colonies, en adressant à *M. DERVEAUX, libraire-éditeur*, 32, *rue d'Angoulême, Paris*, le montant de la commande en un mandat sur Paris ou en timbres-postes.

CATALOGUE

1. **Petit code annoté des réunions**, commentaire article par article de la loi du 30 juin 1881 sur la liberté de réunion, et de la loi du 7 juin 1848 sur les attroupements, mis au courant de la législation et de la jurisprudence jusqu'au 1er septembre 1885, avec : 1. Un formulaire donnant les modèles de déclaration, récépissé et autres actes prescrits par ces lois ; 2. Une table alphabétique bien détaillée et rendant les recherches très faciles, par Albert Faivre, avocat, ancien directeur à la préfecture de la Seine. Prix.. 0 60
2. **Petit code annoté des élections**, commentaire article par article de toutes les lois relatives aux élections législatives, départementales, municipales, consulaires et aux conseils de prud'hommes, mis au courant de la législation et de la jurisprudence jusqu'au 1er septembre 1885, suivi d'une table alphabétique rendant les recherches très faciles, par M. Albert Faivre, avocat, ancien directeur à la préfecture de la Seine. Prix........................... 0 60
3. **Formulaire des élections.** Modèles, d'après les formules officielles, de tous les actes relatifs aux élections, coordonnés et expliqués par M. Albert Faivre, avocat, ancien directeur à la préfecture de la Seine. Prix........... 0 60
4. **Petit code annoté du divorce**, contenant tous les articles du Code civil ayant trait au divorce, et sous chacun d'eux toutes les explications qu'il comporte avec une table alphabétique rendant les recherches très faciles, par M. Albert Faivre, avocat, ancien premier clerc d'avoué à Paris, ancien directeur à la préfecture de la Seine, 7e édition augmentée d'un modèle de demande du divorce, d'un modèle d'acte et de la circulaire du garde des sceaux pour l'application de la loi du 27 juillet 1884, rétablissant le divorce. Prix................................ 0 60
5. **La loi municipale** du 5 avril 1884. Texte complet de la loi sur l'organisation municipale, annoté, com-

menté et expliqué par les circulaires et documents officiels à l'usage des maires, des conseillers municipaux et de tous les électeurs, suivi d'une table alphabétique et analytique complète et très détaillée qui rend les recherches plus faciles, par Albert Faivre, avocat, ancien directeur du cabinet et du personnel de la préfecture de la Seine, précédé d'une préface par Charles Floquet, président de la Chambre des députés, avocat à la Cour d'appel de Paris ancien préfet de la Seine. Un volume in-18 jésus de 84 pages. Prix.................................... 0 60

6. **Petit code annoté des syndicats professionnels**, commentaire, article par article de la loi du 22 mars 1884, relative à la création des syndicats professionnels, contenant tout ce qu'il est nécessaire de connaître pour fonder ou faire partie d'un syndicat, suivi d'une table alphabétique très détaillée, permettant de trouver aisément le renseignement dont on a besoin, par Albert Faivre, avocat, ancien premier clerc d'avoué, ancien directeur de la préfecture de la Seine. Prix............. 0 60

EN VENTE A LA LIBRAIRIE DERVEAUX

32, rue d'Angoulême, PARIS

DISCOURS ET OPINIONS DE M. CHARLES FLOQUET

Publiés et accompagnés de notices par M. Albert Faivre, ancien Directeur à la Préfecture de la Seine. Deux volumes in-8 carré. Prix de chaque volume 7 fr. 50. Il a été tiré des *Discours de M. Charles Floquet* 10 exemplaires numérotés sur papier vergé de Hollande, teinté, à la forme, au prix de 20 fr. le volume.

PORTRAIT DE M. CHARLES FLOQUET

Président de la Chambre des députés.

Cette splendide lithographie, dessinée par J. Fuchs, n'a été tirée qu'à 580 exemplaires dont voici la justification: Tirage avant la lettre (exemplaires d'amateur), 10 exemplaires tirés sur Chine, appliqués sur papier extra-fort des manufactures impériales du Japon, grandeur 50 sur 32, prix 3 fr.; 20 exemplaires tirés Chine, appliqués sur papier des manufactures du Japon, grandeur 50 sur 32, prix 2 fr.; 50 exemplaires tirés sur Chine, appliqués sur beau papier extra-fort du Marais, grandeur 50 sur 32, prix 1 fr.

Tirage avec la lettre, enrichi d'un autographe de M. Charles Floquet.

100 exemplaires sur Chine, appliqués sur papier du Marais,

grandeur 52 sur 30, prix 75 cent. 400 exemplaires sur beau papier ordinaire, grandeur 37 sur 28, prix 50 cent.

Réponse à l'enquête sur la crise économique, par Emile Lefèvre, 1 vol. in-8, carré. Prix.................... 1 25

La révision de la constitution, par Emile Lefèvre, 1 brochure, in-8 carré. Prix.......................... 0 60

La République avec Liberté, Egalité, Fraternité, et les électeurs, 1 brochure in-8 jésus, de 80 pages, avec couverture illustrée. Prix.................................. 0 30

Calendrier républicain correspondant au calendrier grégorien. Ce calendrier contient :

1° la table des droits de l'homme.

2° un tableau comparatif des trois dernières élections.

3° les noms de tous les députés nouvellement élus pou quatre années.

4° leur nuance politique.

5° les départements par ordre alphabétique où ils ont été élus.

6° leur circonscription.

7° Etymologie du nom des mois républicains avec leur concordance. Prix.............................. 0 60

LA BIBLIOTHÈQUE UNIVERSELLE.

N° 1. — **Frédéric Engels**, Guerre des paysans en Allemagne (XVIe siècle). 1 vol. in-18 jésus, traduit de l'allemand. Prix.................................... 1 fr.

OEUVRES COMPLÈTES DE BENOIT MALON.

— *Le parti ouvrier*. Brochure in-16. Prix........... 0 25

— Traduction française de *Capital et Travail*, par Lassalle. 1 vol. in-18 jésus.................................. 2 fr.

— Traduction française de la *Quintessence du Socialisme*, par Schæffle. Prix.................................. 1 fr.

— *Le Nouveau Parti*, tome I. *Le parti ouvrier et ses principes*, deuxième édition, revue, corrigée et augmentée des commentaires et articles de bibliographie, 1 vol. in-18 jésus, avec une préface par Jules Vallès. Prix........ 1 50

— *Le Nouveau Parti*, tome II. *Le parti ouvrier et les partis politiques*. Prix.................................. 1 50

MANUEL D'ÉCONOMIE SOCIALE, 1 fort vol. in-18 jésus. Prix.. 2 50

L'ÉMANCIPATION, journal quotidien, organe du parti ouvrier. Rédacteur en chef, Benoît Malon. *La collection complète*.. 1 50

LA REVUE SOCIALISTE, revue mensuelle du parti ouvrier et des sciences sociales. Rédacteur en chef, Benoît Malon. La collection complète de la *Revue Socialiste*...... 10 fr

Principaux collaborateurs : — V. Arnould, (Bruxelles.) — A. Bebel, (Leipzig.) — E. Bertz, (Londres.) — Bernstein, Bürkli, (Zurich.) — Borde, (Paris.) — Boyer, (Marseille.) — Brousse, Brugnot, (Lyon.) — Claudel, (Dunkerque.) — Costa, (Lugano.) — Cornette, (Anvers.) — Dr de Paepe, Degreef, H. Denis, (Bruxelles.) — Delahaye, (Londres.) — Delaporte, (Paris.) — Domela-Nieuwenhuis, (La Haye.) — Dluski, (Genève.) — Douai, (New-York.) — Dragomanoff, (Genève.) — Franc, (Toulouse.) — Garel, (Lyon.) — Greulich, (Zurich.) — Guesde, (Paris.) — Gnocchi-Viani, (Milan.) — Jener, (Espagne.) — Kautski, Vienne, (Autriche.) — Le Roy, (Paris.) — André Léo, (Rome.) — Liebknecht, (Leipzig.) — Lafargue, (Londres.) — Lavroff, (Paris.) — Madame J. Liljencrantz, (Copenhague.) — Mario, (Zurich.) — E. Péron, (Icarie.) — Podolinski, (Montpellier.) — S. Politzer, (Hongrie.) — Pelletier, (New-York.) — Quinonès, (Madrid.) — De Ricard, (Montpellier.) — E. Reclus, (Paris.) — Roche, (Bordeaux.) — S. Vinas, (Espagne.) — Sketchley, (Birmingham.) — Théodorovitch, (Serbie.) — Viereck, (Leipzig.) — Vollmar, (Zurich., etc.)

HISTOIRE DU SOCIALISME, ou efforts des réformateurs et des révoltés à travers les âges, depuis les temps les plus reculés jusqu'à nos jours et dans toutes les parties du monde, par Benoît Malon, ancien membre de l'Internationale, ancien député de la Seine, ancien membre de la Commune de Paris.

Edition populaire, entièrement terminée, illustrée de plus de 1000 dessins, gravures, culs-de-lampes, têtes de chapitres et de 75 primes tirées à part, consistant en gravures sur bois, lithographies tirées sur trois teintes, chromo-lithographies, gravures coloriées représentant les principales scènes et une suite de portraits représentant les hommes les plus importants de tous les pays du monde ; ouvrage unique, tant pour le texte que pour les matériaux qui ont servi à illustrer cet ouvrage.

Souscription permanente de la manière suivante :

1° En livraisons illustrées contenant 1 gravure hors texte, plusieurs livraisons sont ornées de culs-de-lampes et de têtes de chapitres au prix de 10 cent. la livraison.

2° En séries contenant plusieurs gravures hors texte, culs-de-lampes, têtes de chapitres, de plus une prime gratuite, tirée à part, prix de la série 60 cent. franco.

3° En volumes brochés au prix de 7 francs le volume contenant toutes les primes gratuites et tirées à part.

4° En volumes reliés dos en maroquin, dorés sur tranche ou tranche rouge, couverture spéciale illustrée noire et or avec fers spéciaux faits uniquement pour cet ouvrage. Prix du volume relié.......................... 10 fr.

Nomenclature des volumes et de l'ouvrage complet.

TOME I. — Histoire du socialisme depuis les temps les plus reculés jusqu'à la Révolution française (1789), illustré de 45 gravures hors texte, culs-de-lampes, têtes de chapitres et 11 primes tirées à part, se vend également en 45 livraisons illustrées à 10 cent. la livraison, ou en 11 séries à 60 cent. contenant les 11 primes tirées à part.

Prix du volume broché.......................... 7 fr.

Prix du volume relié, dos en maroquin, doré sur tranche ou tranche rouge, couverture spéciale noire et or, avec fers spéciaux.. 10 fr.

Couverture spéciale pour la reliure................. 2 fr.

TOME II. — Histoire du socialisme en France depuis la Révolution française (1789), jusqu'en 1878.

Première partie : Saint-Simonisme. — Fouriérisme. — Communisme jusqu'en 1848. — Proudhon.

Illustré de 50 gravures hors texte, nombreux culs-de-lampes et têtes de chapitres et 12 primes, tirées à part.

50 livraisons illustrées à 10 centimes.

12 séries contenant 12 primes tirées à part à 60 centimes la série, franco.

Prix du volume broché.......................... 7 fr.

Prix du volume relié.......... .... 10 fr.

Couverture spéciale pour la reliure................ 2 fr.

TOME II. — Histoire du Socialisme en France, depuis la Révolution française (1789), jusqu'en 1878.

Deuxième partie : Auguste Comte. — République française de 1848. — De 1851 à 1878.

Illustré de 48 gravures hors texte, nombreux culs-de-lampes, têtes de chapitres et 12 primes tirées à part.

48 livraisons illustrées à 10 centimes.

12 séries contenant les 12 primes tirées à part à 60 cent. la série, franco.

Prix du volume broché.......................... 7 fr.

Prix du volume relié comme le premier............ 10 fr.

Couverture spéciale pour la reliure................ 2 fr.

TOME III. — Histoire du Socialisme en Angleterre, en Allemagne et en Russie, illustrée de 61 gravures hors texte. Têtes de chapitres, culs-de-lampes, 15 primes tirées à part.

61 livraisons illustrées à 10 centimes.

15 séries contenant les 15 primes à 60 centimes la série.

Prix du volume broché.......................... 7 fr.

Prix du volume relié comme le premier............ 10 fr.

Couverture spéciale pour la reliure................ 2 fr

TOME IV. — Histoire du Socialisme en Belgique, Hollande, Italie, Suisse, Espagne, Portugal, Pologne, Serbie, Roumanie, Autriche-Hongrie, Danemark, Suède et Norwège, illustrée de 50 gravures hors texte, nombreux culs-de-lampes, têtes de chapitres et 12 primes tirées à part.

50 livraisons illustrées à 10 centimes.

12 séries contenant les 12 primes à 60 centimes la série.

Prix du volume broché........................ 7 fr.

Prix du volume relié comme le premier............ 10 fr.

Couverture spéciale pour la reliure................ 2 fr.

TOME V. — Histoire de l'Internationale. — Histoire du Socialisme aux Etats-Unis. — Esquisse sur le Socialisme contemporain. — Conclusions. — Table analytique de l'ouvrage formant un véritable dictionnaire du Socialisme. — Table alphabétique des portraits contenus dans l'ouvrage. Table des gravures avec indication du chapitre auquel elles se rapportent. — Table-prime des primes.

48 livraisons illustrées à 10 centimes.

13 séries contenant les 13 primes à 50 centimes la série.

Prix du vol. broché.............................. 7 »

Prix du vol. relié comme le premier............... 10 »

Couverture spéciale pour la reliure................ 2 »

Résumé

L'ouvrage complet forme donc 302 livraisons illustrées à 10 centimes, ou 75 séries accompagnées chacune de une prime tirée à part à 60 centimes la série, ou 6 volumes accompagnés de 75 primes tirées à part à 7 francs le volume, ou 6 volumes reliés, dos maroquin, plats toile, dorés sur tranche, ou tranche rouge, couvertures spéciales illustrées, ors et noires avec fers spéciaux, prix de chaque volume relié 10 francs.

NOTA. — Il reste toujours entendu que chaque souscripteur pourra toujours se procurer la couverture spéciale de chaque volume au prix de 2 francs chaque ; de même chaque prime séparée au prix de 50 centimes, et chaque livraison détachée au prix de 10 centimes la livraison.

1885. Ce catalogue annule tous les précédents.

Sur demande affranchie, envoi du catalogue complet avec la nomenclature de toutes les primes tirées à part de l'Histoire du Socialisme.

L'éditeur, Derveaux, rue d'Angoulême, 32, à Paris, expédie immédiatement contre mandat-poste, pour un mandat de 1.20........................ 2 séries avec leurs primes.
Pour un mandat de 1.80........ 3 séries avec leurs primes.
Pour un mandat de 2.40........ 4 séries avec leurs primes, et ainsi de suite, à raison de 60 c. de plus par série, avec primes de plus.

(*Voir ci-contre la table des primes déjà parues*).

Table générale des primes tirées à part contenues dans les séries ou les volumes de l'Histoire du Socialisme.

Collection de gravures hors texte tirées à part sur beau papier, gravées par les meilleurs dessinateurs et tirées avec grand luxe ; cette collection se compose de gravures coloriées à la main, gravures sur bois, reproduction de tableaux célèbres, par les premiers artistes, chromo-lithographies photogravures, représentant les principales scènes de l'*Histoire du Socialisme*. Portraits des principaux personnages ayant leur place dans l'*Histoire du Socialisme* Ces portraits-primes sont lithographiés sur pierre par M. Fuchs et tirés à trois teintes.

Prix de la prime seule prise à part : 50 centimes.

Les primes prises dans les séries ou les volumes sont données gratuitement.

1. 1871 !!! Allégorie de la Commune de 1871, gravure en trois couleurs.
2. PORTRAIT DE BENOIT MALON, auteur de l'*Histoire du Socialisme*. Belle gravure sur bois ; ce portrait est encadré d'un magnifique cadre dessiné par Pichio, représentant les attributs et les instruments de la science, de la paix, du progrès et du travail.
3. LE TRIOMPHE DE CLOVIS, reproduction de la fresque du Panthéon, peint par J. Blanc ; gravure sur bois représentant les principaux personnages de notre époque tels que : Gambetta, Clémenceau, Paul Bert, Lockroy, Antonin Proust, Coquelin aîné, etc.
4. LES DERNIERS MOMENTS DE SOCRATE, tableau de M. Robert Hunckley, salon de 1881, gravure sur bois.
5. UN ORACLE GAULOIS, tableau de M. Vimont, exposé au salon de 1881, belle et grande gravure sur bois.
6. LE MATIN DU 1er PRAIRIAL, belle gravure reproduisant une scène d'émeute en 1793.
7. LA MORT DE DELESCLUZE, belle gravure représentant le membre de la Commune, sur la barricade du boulevard Voltaire, il tombe atteint par les balles versaillaises.
8. PORTRAIT DE SAINT-SIMON, ce beau portrait est entouré de figures allégoriques.
9. COMMENT MEURT LA CANAILLE, magnifique reproduction du tableau d'un peintre italien, cette reproduction est faite par le peintre lui-même.
10. PORTRAIT DU PÈRE ENFANTIN, gravure coloriée représentant le Père Enfantin dans le costume des Saint-Simoniens.
11. DAMES SAINT-SIMONIENNES, gravure coloriée, représentant les dames Saint-Simoniennes dans le costume de l'[illegible]

12. VARLIN, membre de la Commune ; gravure sur bois, imprimée sur papier teinté.
13. PORTRAIT DE ARMAND COLINS, lithographie sur papier de Chine:
14. ROSSEL, ancien général de la Commune, fusillé par le gouvernement de M. Thiers, lithographie tirée sur trois teintes.
15. PORTRAIT DE MALARMET, ouvrier monteur en bronze candidat aux élections sénatoriales. Belle lithographie tirée sur trois teintes.
16. PORTRAIT D'AUGUSTE COMTE, célèbre socialiste, belle lithographie tirée sur trois teintes.
17. PORTRAIT DE VERMOREL, membre de la Commune, belle lithographie tirée sur trois teintes.
18. LA CARMAGNOLE, chant révolutionnaire de 1792, entouré d'une splendide gravure de l'époque.
19. LA MARSEILLAISE, chant révolutionnaire de 1792, augmenté de la reproduction du tableau de Melingue (Rouget de Lisle composant la Marseillaise).
20. SANS ASILE, reproduction du tableau de Pelez, une famille abandonnée dans Paris en 1882, belle lithographie tirée sur trois teintes.

Les portraits suivants formant les primes de l'*Histoire du Socialisme* sont tirées à part sur trois teintes et sur fort papier. Ils peuvent être encadrés ou intercalés dans les volumes, ou former un album très curieux et très rare

Nous recommandons tout spécialement cette série de portraits *hors ligne* comme *exécution*. et surtout pour la ressemblance. (tirage sur papier très fort).

21. LOUISE MICHEL, condamnée par les Versaillais.
22. CHARLES DELESCLUZE, membre de la Commune.
23. JULES VALLÈS, membre de la Commune.
24. H. ROCHEFORT, ancien membre du gouvernement de la défense nationale.
25. LÉON GAMBETTA, ancien membre de la défense nationale.
26. P. B. SHELLEY, célèbre poète socialiste anglais.
27. GUSTAVE FLOURENS, fusillé par les Versaillais.
28. KARL MARX, célèbre socialiste allemand.
29. J. B. MILLIÈRE, ancien député de Paris, fusillé par les Versaillais sur les marches du Panthéon.
30. ROBERT OWEN, célèbre socialiste anglais.
31. TCHERNYCHEWSKY, socialiste russe.
32. ELISÉE RECLUS, célèbre géographe et socialiste français.
33. SOPHIE PEROWSKAYA, célèbre nihiliste russe, condamnée pour l'attentat des bombes.

www.ingramcontent.com/pod-product-compliance
Ingram Content Group UK Ltd.
Pitfield, Milton Keynes, MK11 3LW, UK
UKHW021226230726
13926UKWH00003B/1261